教育与美好生活

Education and the Good Life

[英] 伯特兰·罗素(Bertrand Russell) 著
谭新木 译

上海社会科学院出版社
SHANGHAI ACADEMY OF SOCIAL SCIENCES PRESS

目录

第三部分 智力教育

引言

像本书的作者一样，世界上肯定有许多父母，渴望让自己年幼的孩子接受尽可能良好的教育，但又不愿他们被大多数现行教育机构的弊病影响。父母面临的这些难题，是无法依靠任何个体的努力去解决的。当然，你可以聘请家庭教师在家里培养孩子，但这种办法剥夺了孩子的天性所渴求的伙伴关系。少了伙伴关系，教育必定会缺少一些至关重要的因素。而且，如果让一个男孩或女孩感到自己很“古怪”或与众不同是极为糟糕的：这种感觉一旦溯源到父母身上，几乎一定会激起孩子对他们的怨恨，从而导致孩子会喜欢一切父母讨厌的事物。这些考虑可能促使认真负责的父母，把孩子送到那些他们认为有着严重缺陷的学校，因为现有的学校几乎没有一所令人满意——或者即使令人满意，也不在自家附近。因此，他们被迫肩负起教育改革的使命，这不仅是为了社会的利益，也是为了他们自己孩子的利益。如果父母的家境殷实，要解决他们的个人问题，并不需要改善全部的学校，只要附近有一些好学校就可以了。但要解决工薪家庭的问题，除了改革小学教育，别的都无济于事。鉴于一位家长可能会反对另一位家长所希望的改革，除了大力进行教育宣传之外别无他法。但改革者的宣传效果不大可能获得证明，直到他们的孩子长大成人之后才能看得出来。因此，对自己孩子的热爱驱使我们一步步涉及政治学和哲学的广阔领域。

在本书的后续各章里，我希望尽可能远离这个广阔领域。我将表述的观点，大部分都不依赖于我对当代的重大争论可能持有的看法，但完全独立于这些看法也是不可能的。我们期望自己孩子接受到的教育，必然是基于我们对人性所持的理想，以及我们对他们要担任的社会角色的期望。和平主义者不愿意他们的孩子接受偏向军国主义者的教育，共产主义者和个人主义者也不会有相同的教育观念。更为根本的分歧在于：有人将教育视为灌输某种绝对信条的工具，有人认为教育应当培养独立判断的能力，他们之间不可能达成共识。在任何涉及这些问题的事情上，选择逃避是没有用的。与此同时，心理学和教育学领域出现了大量独立于这些终极性问题但又与教育密切相关的新知识。这些知识已经产生了非常重要的成果，但要充分吸收这些成果，我们还有大量工作要做。就人生的头五年而言尤其如此，人们已经发现，这五年的重要性比先前认为的要重大得多，这也使得父母在教育中的重要性得到了相应提高。如果有可能，我的目标和宗旨是避免有争议的问题。辩论式写作在某些领域是必要的，不过当我们面对家长时，我们可以假定他们都在真诚地为自己的子女谋福利，仅凭这一点，再结合现代知识，就足以解决很多教育问题。必须要说，我的看法都源于我教育自己的孩子时遇到的困惑，因此并不脱离实际，也不是空想，而且我希望这些看法能够帮助遇到类似困惑的父母理清头绪，不管他们是否同意我的结论。父母的看法极为重要，因为家长们通常缺少专业知识，即使是最优秀的教育者也经常受到他们的束缚。如果父母希望孩子获得良好教育，我相信不会找不到有意愿又有能力的老师。

在接下来的各章，我会首先讨论教育的目标：我们期望看到，通过施行适合孩子现有素质的教育而造就出的那种个人和社会。我不会讨论人种改良的问题——不管是通过优生学还是其他方法，不管是自然还是人工的方法——这根本超出了教育问题的范畴。但我非常重视现代心理学方面的发现，这些发现表明，早期教育对个人品质形成的决定性作用比过去几代教育者认为的重要得多。我对品质教育（education of character）和知识教育（education in knowledge）做了区分，后者在严格意义上可以称为教学。这一区分是有用的，不过并不是绝对的：学生要获得知识必须具备某些美德（virtue），而许多重要美德的成功运用又需要大量的知识。为了方便讨论，教学和品质教育可以分开。我将先探讨品质教育，因为它在早期教育中尤为重要，但是我会将这个问题的讨论延伸到青春期，并包含对重要的性教育问题的讨论。最后我会讨论智力教育，从第一堂读写课开始直到大学毕业，探讨它的目标、涉及的课程及前景。至于人们从生活和现实世界中得到的更深远的教育，我认为超出了我讨论的范畴。但是，使人们具备从经验中学习的能力，是早期教育最应该优先考虑的目标之一。

Education
and
the Good Life

第一部分
教育与美好生活

第一章

现代教育理论的基本条件

哪怕是前人最优秀的教育专著，我们在阅读时也会意识到教育理论已经发生了一些变化。洛克和卢梭是 19 世纪之前两位伟大的教育理论改革先驱。他们都批判了当时普遍存在的许多错误认知，因而享有盛名。但是就他们各自的研究领域而言，几乎所有的现代教育家都比他们走得更远。例如，两位都顺应并引领了自由和民主的潮流，但他们都只考虑了贵族男孩教育中存在的问题，这类教育通常需要一个人的全身心投入。不管这种教育体制是多么成效卓著，任何一个具有现代观念的人都不会认真考虑它。因为要让每个孩子都占用一个成年人教师的所有时间，几乎是不可能的。因此，这种体制只能被某一特权阶层采纳，而不可能存在于一个公平的社会之中。现代人虽然也可能在现实中为自己的孩子谋求特殊的利益，但他们认为只有采用某些对所有人开放，或者至少对有能力从中获益的人开放的教育方法，这个理论问题才能得到解决。我的意思并不是说，富人就应该立刻放弃现实社会那些没有对所有人开放的教育机会。这样的做法是公平的，但却牺牲了文明。我的意思是，我们未来必须实现的教育体制，应该可以给每个男孩和女孩提供现有的最好的机会。理想的教育体制必定是民主的，虽然这个理想无法立刻实现。我想这一观点在当今社会应该可以得到普遍认同。在此认知基础上，我会在我的观点中纳入民主的因素。任何我所提倡的都是将来可以普及的。然而与此同时，一个人若有能力和机会让他的孩子变得更好，也不应该因为一般教育的弊病而牺牲自己的孩子。而在洛克和卢梭的著作中，即便是这种极为弱化的民主原则也没有体现。尽管卢梭并不信奉贵族体制，但在教育方面他并没有贯彻这种怀疑精神。

澄清民主和教育两者间的关系是很重要的。坚持两者的绝对统一性将会带来灾难性的后果。有些孩子比其他孩子更加聪明，可以在更高等的教育中收获更多。有些教师接受过更好的训练或者有更好的教学能力，但让每个孩子都有机会接受这类少数优秀教师的教育是不可能的。即使每个人都有机会获得最高级的教育（对此我表示怀疑），目前也不可能让所有人都接受这种教育。因此，如果粗暴地运用民主原则，可能就会得出“没有人应该得到这种教育”的结论。这个观点一旦被认可，将会对科学的发展产生致命的打击，并且会使得将来一百年的教育水平处在一种不被需要的低迷状态。在当下的时代，我们不应该为了追求机械的公平而牺牲进步，必须以谨慎的态度在教育上推行民主，并在推行过程中尽可能少地破坏那些非常有价值的成果，这些成果可能恰巧与社会不公相关。

但是，如果一种教育方法不可能被普及，我们就不能将其视为令人满意的教育方法。富人家的孩子除了母亲以外，通常还有奶妈、保姆，同时他们还享受着其他佣人的服务。任何社会都无法给每个孩子都提供这样的关心和照料。得到精心照料的孩子是否真的受益于不必要的寄生生活还很值得怀疑，但是不管什么情况，公正的人都不会提倡给少数人特别的优待，除了一些特殊的原因，比如低能儿或天才。如今，只要能力所及，明智的家长很可能会为他的孩子选择某种并不普及的教育方法。出于试验的目的，家长能有采取一些新方法的机会也是可取的。但是如果这些方法产生了良好的效果，它们应该是可以被普及的，而不是本质上只能为少数人所有的特权。幸运的是，现代教育理论和实践中一些最好的因素都有极为民主的起源。比如，蒙台梭利女士的工作是在贫民窟中的幼儿园起步的。在高等教育中，给特殊人才以特殊机会是必不可少的，但除此之外，没有理由让任何一个儿童在可能被普及的教育体制中吃亏。

教育中还有另外一种现代趋势与民主相关，但这个趋势在一定程度上来说更值得我们商榷——我指的是使教育变得更加实用而非流于装饰的趋势。凡勃伦（Thorstein B. Veblen）在《有闲阶级论》（*Theory of the Leisure Class*）中深入阐释了装饰与贵族之间的联系，但我们要讨论的只是其中与教育相关的方面。在男性教育中，这一问题与古典教育和“现代”教育之争密不可分；在女性教育中，则存在于培养“淑女”与培养自主女性的理念冲突之中。但是所有与女性有关的教育问题，都已经被性别平等的渴求所歪曲了：有些人试图让女孩获得跟男孩一样的教育，即使这种做法不会带来任何好处。结果，女性教育工作者致力于让女生与同班的男生一起学习对于她们来说“无用”的知识，他们强烈反对“对女性进行专门的母职训练应该成为女性教育的一部分”这一观点。这些错综复杂的潮流，使得我正在考察的教育趋势中与女性相关的方面变得更加不确定，尽管“窈窕淑女”理想的衰落是这种趋势最显著的例子之一。为避免问题混淆，我暂且将我的讨论限定于男性教育。

一些关乎其他问题的争论，在某种程度上都依赖于我们现在讨论的问题。男性应该主要学习古典学科还是科学学科？在各种不同的考虑中，其中有一种考虑是古典学科是装饰性的而科学学科是实用性的。教育是不是应该尽快成为某一行业或职业的技术培训？这又与实用性和装饰性的争论有关了，虽然这不是决定性因素。孩子们应该被教育成谈吐不凡、举止得体的人吗？还是这只是贵族阶级的遗风？除了艺术家以外，艺术鉴赏对其他人来说有价值吗？应该采用语音拼写法吗？所有这些问题与其他的一些争论，都是或多或少地根据实用性与装饰性的矛盾而展开的辩论。

然而，我认为整个争论都是不真实的。一旦术语被定义，争论就不存在了。如果我们广义地定义“实用性”（useful），而狭义地定义“装饰性”（ornamental），一方明显占据优势；用相反的定义方法，另一方又会取得胜利。从词语最广泛和最准确的意义上讲，能产生良好结果的活动就是“实用的”。而这些结果除了仅具有“实用性”之外，在其他意义上一定也有“好”的方面，否则我们就没有对它的真正定义。我们不能说一项有实用性的活动就是会产生实用结果的活动。“实用”的本质在于它有助于产生某种并非仅仅“实用”的结果。有时候，在最终取得一项“好”的结果之前，会有一连串的其他结果。犁耙之所以有用是因为它可以开垦土地，但从本身意义上讲，开垦土地并无好坏之分，所以只有考虑到犁耙能让种子播进土壤这一层，它的实用性才体现出来；播种有用是因为它能产生粮食，粮食有用是因为能用它生产面包，生产面包有用是因为它可以维持生命。而生命必须有某种内在价值：如果一个生命仅仅是作为其他生命存在的手段而有用，那它就并没有任何实用性。在不同的环境条件下，生命有好有坏。所以当它作为追求好的生命的手段时，也有可能是实用的。我们一定会在某处，在这些环环相扣的实用性链条之外，找到链条所依靠的固定点。如果没有这个固定点，链条上任何一个环节的实用性都不会存在。当“有用”被这样定义时，就不存在教育是否具有实用性的问题了。由于教育过程是达到目的的手段而不是目的本身，它当然是具有实用性的。但这与教育实用性提倡者的想法是有出入的。这些人极力主张教育的结果应该是有用的，直白地说，他们会说受过教育的人就是知道怎样制造机器的人。如果我们问制造机器有什么用，最终的答案是它们为身体生产必需或舒适的产品——食物、服装、住宅，等等。由此我们可以看到，那些观点值得商榷的实用性提倡者，在某种意义上是将内在价值等同于物质满足的人：对于他们而言，“实用性”就是指有助于我们满足身体的需求和欲望。如果实用性提倡者真的是这样，那么当他在阐释某种终极哲学时，一定是错误的；但如果是在一个大多数人都在挨饿的社会，他们将会是政治家的不二人选，因为对物质的需求可能是压倒一切的。

在考虑这一争论的另一面时，进行类似的剖析也是必需的。当然，将另一面称为“装饰性”是对实用性提倡者的一个让步，因为“装饰性”或多或少地被理解为不重要的。以“装饰”这一修饰语来形容传统观念中的“绅士”或“淑女”是很恰当的。18世纪的绅士口音纯正，在适宜的场合引经据典，穿着入时的衣服，熟知礼节，明确知道何时决斗可以提升自己的名誉。在《夺发记》（*The Rape of the Lock*）中有这样一个人，他

> 悠闲地嗅着琥珀鼻烟壶，
> 儒雅地持着一根云纹棍。

他受到的教育是最狭义的装饰性教育，在我们的时代很少有人可以富裕到接受他那样的教育。在传统理念中，理想的“装饰性”教育是贵族式的：是以有一个富裕又免于劳动的

阶级为前提的。历史上优雅的绅士和淑女引人回味，他们的回忆录和乡间别墅给我们提供了我们无法给后代提供的某种愉悦。但即便他们的优秀是真实的，也绝不高贵，它们是极其昂贵的产物。霍加斯（William Hogarth）的《杜松子酒巷》（*Gin Lane*）生动描绘了劳动阶层为他们提供这种优越生活所付出的代价。现在，没有人会提倡这种狭义的装饰性教育了。

但那不是真正的问题所在。真正的问题是：在教育中，我们是把灌输有直接实用价值的知识作为目标，还是试着给学生传递那些本身具有美好意义的精神财富？知道 1 英尺等于 12 英寸，1 码等于 3 英尺是有用的，但是这种知识是没有内在价值的。对于生活在使用米制度量地区的人来说，根本毫无用处。另一方面，欣赏《哈姆莱特》（*Hamlet*）在实际生活中并没有什么用处，除非碰到某人获得感召要杀死他叔叔这种罕见的情形。但它给人一笔精神财富，没有它令人遗憾，拥有它则会让人在某种意义上成为一个更优秀的人。那些主张实用性并非教育唯一目的的人，则更偏爱后一类知识。

实用性教育和其反对者之间的争论，大概包含三个不同的实质性争论点。第一个争论点表现为贵族主义者和民主主义者之间的争论，前者认为特权阶级应该被教导如何以自得其乐的方式利用闲暇时间，而从属阶级应该学会如何使自己的劳动变得对他人有益。民主主义者对这种观点的反对意见显得有些让人困惑：他们反对给贵族传授非实用性的东西，同时又主张工薪阶层的教育不应该局限于实用性。于是，我们就看到民主主义者反对公立学校的旧式古典教育，同时又要求工人们有机会学习拉丁文和希腊文。虽然这种态度可能缺乏理论清晰度，但在实践中却是基本正确的。民主主义者不希望将社会分裂为两个部分，一部分追求实用性，另一部分注重装饰性。因此，他会给至今只追求装饰性的阶级更多纯粹实用的知识，而给一味只重视实用性的阶级传授更多纯粹娱乐的知识。但是民主自身不会决定这些成分应该以什么样的比例进行混合。

第二个争论点表现为物质主义者和精神享受者之间的争论。现代大多数富裕的英美人，如果通过魔法被带回到伊丽莎白时代，他们会希望回到现代社会里去。在那个时代，尽管有莎士比亚、雷利和菲利普·西德尼爵士等名人，有优美的音乐和精致的建筑，都无法弥补他们没有浴室、茶、咖啡、汽车和其他那个时代不知道的物质享受。除非受到保守传统的影响，这些人比较偏向于认为教育的主要目的是增加商品生产的数量和品种。他们或许能接受医学和卫生学，但是他们对文学、艺术和哲学却提不起丝毫热情。毫无疑问，这类人为攻击文艺复兴时期建构的古典课程提供了很大的推力。

我认为，仅仅通过“精神产品比单纯的物质产品更有价值”这一论断来反对这种态度是不公平的。我相信这一论断是正确的，但绝非全部都是真理。因为虽然物质产品没有很高的价值，但是物质的恶（physical evils）可能会严重压制卓越的精神。自从人类拥有了先见之明，饥饿、疾病，以及始终存在的对它们的恐惧，已经给绝大多数人的生活蒙上了一层阴影。大部分鸟类死于饥饿，但是当食物充足的时候它们却很快乐，因为它们不考虑未来；而在饥荒中幸存的农民却永久地被记忆和恐惧所困扰。人们宁愿为了微薄的报酬而长时间地劳作，也不愿意死去；动物则更喜欢即时获得快乐，哪怕以死亡作为代价。因此，大多数人忍受着几乎毫无乐趣的生活，因为不这么做生命会变得短暂。归功于工业革命及其副产品，如今我们有可能创造一个人人都有适当机会获得幸福的世界，这在历史上尚属首次。如果我们愿意，物质的恶可以降低到很小的程度。通过组织与科学，就有可能养活和安顿全世界的人口，即使并不奢侈，但足以防止巨大的痛苦。对抗疾病成为可能，慢性病会变得非常罕见，也有可能防止人口增长超过粮食增长的情况发生。那些曾经让人类潜意识变得黑暗，并在其发展中带来残暴、压迫和战争的巨大恐惧，也将大大减少，甚至变得不再重要。所有这一切对人类的生活都具有不可估量的价值，因此我们不敢反对能带来这种价值的教育。在这种教育中，应用科学将是主要的组成部分。没有物理学、生物学和心理学，我们就无法建设新世界。即便没有拉丁语和希腊语，没有但丁和莎士比亚，没有巴赫和莫扎特，我们依旧可以建造新世界。这是支持实用主义教育的重要论据。我强调过这一点，因为我强烈地感受到了这一点。然而，问题还有另外一面。如果没有人记得如何利用休闲和健康，那么得到它们又有什么好处呢？跟其他任何战争一样，反对物质的恶的战争也不能进行到如此狂热的程度，以至于使人们丧失了欣赏和平的艺术。这个世界上存在的至善之物，决不能在与邪恶的斗争中消亡。

这就引出了我们的第三个争论点。只有无用的知识才是真正有内在价值的吗？任何本质上有价值的知识都是无用的，这是真的吗？就我个人而言，年轻时耗费了大量时间学习拉丁语和希腊语，现在我认为这些时间几乎都浪费了。古典知识对我以后生活中所关心的任何问题都毫无帮助。和99% 的古典文学受教者一样，我从来没有达到熟练掌握的水平，以从阅读之中获得乐趣。我永远都忘不了我学过的诸如“supellex”所有格一类的东西。这种知识的内在价值并不比

“1 码等于 3 尺”更多。对于我来说，它的作用仅限于给我提供当前的举例而已。另一方面，我所学的数学和科学不仅具有巨大的实用价值，而且具有巨大的内在价值。例如为我们提供思考和反思的对象，以及在一个充满假象的世界里提供检验真理的试金石。当然，这在一定程度上是个人癖好。但我确信，从古典学科中获益仍是现代人中越来越罕见的癖好。法国和德国也有宝贵的文献，它们的语言很容易学，并且在许多实际方面都很有用。由此，赞成学习法语和德语的态度是压倒性的，就跟反对学习拉丁语和希腊语一样。我不是轻视这些没有直接实际用途的知识的重要性，但我认为我们可以合理地要求：除非是培养专业人才，否则不应花费大量的精力和时间传授技术性内容，比如语法。人类知识的总量和人类问题的复杂程度正在不断增长，因此每一代人为了找到学习新东西的时间，都必须全面改进教育方法。我们必须通过折中的方式来维持平衡。教育中的人文知识必定要予以保留，但它必须被充分简化，以便为其他的知识元素留出足够空间，如果没有这些元素，就没有可能通过科学创造出新世界。

我并不是想说教育中的人文知识元素不如实用性知识元素重要。想要想象力发育完备，就必须了解一些文学名著、世界历史、音乐、绘画和建筑。而且只有通过想象，人们才能意识到未来的世界可能是什么样子。没有想象，“进步”将变得机械而琐碎。但是，科学同样可以激发想象。当我还是一个孩子的时候，天文学和地理学在这方面对我的帮助比英国、法国、德国的文学作品对我的帮助更大，我被迫阅读这些文学巨著而没有感到丝毫趣味。这种情况是因人而异的：一个孩子可以从这个资源获得刺激，另一个孩子从另一个资源获得刺激。我的建议是，当掌握某一门学科需要学习不可或缺的困难技术时，那这门学科最好是实用性的，除非是为了培养这方面的专业人才。在文艺复兴时期，使用现代语言的文学名著还很少，现在已经数不胜数。希腊传统中的许多价值可以传达给不懂希腊语的人；至于拉丁传统，本身价值并不大。因此，对于没有特殊才能的孩子，应该以不涉及大量繁重学习的方式来给他们传授人文知识。在今后几年的教育中，作为一项原则，应该将教育的难点放在数学和科学上。但如果有些孩子对其他学科有强烈的兴趣或特殊的天赋，也可以破例。死板是我们最应该避免的。

在机械式的文明中，存在一种有极大危险性的功利主义，这种功利主义主张牺牲所有的生活美学而追求所谓的“效率”。可能我是一个老派的人，但我必须承认，我对“语言仅仅是一种交流的手段，而非美的载体”这一观点感到警惕。这种趋势是世界性的，但在美国尤甚。在儿童基金会（Children's Foundation）出版的一本多少有点权威性的书[1]中，我发现一些关于英语教学的评论似乎体现了我所谴责的这种倾向。例如：

> 25年前，小学生在学习中需要掌握的词汇量是一万到一万五，但近20年间的调查结果表明，典型的高中毕业生在他的学习以及今后的生活中，需要拼写的词最多不超过3000。除非他对某项技术有所追求，必须掌握一些特殊的技术词汇。典型的美国人在信件中很少使用超过1500个不同的单词；而我们之中，很多人使用的词汇还不到这个数的一半。鉴于这些事实，今天学校中的拼写课程是根据这一原则来设置的：那些日常生活中实际用到的词汇应该被掌握，并能够拼写自如，而那些以前教过，但以后可能不会被用到的技术性词汇以及不常用词汇正在被剔除。（第384页）

---

1 《儿童：天性与需求》（*The Child: His Nature and His Needs*）。由威斯康星大学教育系教授M. V. 奥谢（M. V. O'Shea）指导编辑，1925年版。我将用《奥谢》来指代此书。

在我看来，这是一种奇怪的倒置。现在我们仍然普遍认为，一个人应该知道如何拼写他将要使用的单词，尽管莎士比亚和弥尔顿不会拼写，而且拼写的重要性纯粹是出于传统约定。但是，为了这个微不足道的目的，人们愿意牺牲充满丰富词汇的教学，要知道，离开大量的词汇就不可能写出好文章，甚至不可能理解优秀的文章。重要的不是知道如何拼写单词，而在于如何使用它们。很明显的是，在那个孩子们要学习拼写 15000 个单词而成年人只使用 1500 个单词的时代是不教这一点的。学习使用词汇的方法是经常仔细研读一些优秀的文学作品，而非广泛涉猎。但是精细阅读并没有受到积极的鼓励。前面提到的《奥谢》一书，对学生有这样的描述：

> 他们被训练以尽可能快的速度阅读，这样他们就不会在获取整体意义的过程中，由于将注意力分散到个别单词上而停顿下来，因为在阅读过程中有意识地注意某个单词会耽误阅读时间，并且对理解书中含义的过程产生干扰。（第 420 页）

我不知道受过这样训练的学生是否能理解这样的诗句：

美丽的塞布瑞拉
你坐在玻璃般的、清凉的、半透明的清流下，
倾听身边的天籁之音。
百合花编织而成的辫子，
蓬松的琥珀色长发垂下。

毫无疑问，有人会说现代人没有时间去欣赏伟大诗歌。然而，正是说这些话的人准备预留大量的时间去教年轻人如何科学地自相残杀。这无疑是对实用主义哲学的归谬论证（*reductio ad absurdum*）。

到目前为止，我们一直在考虑应该传授什么样的知识。现在我要谈的是另外一组问题，这些问题一部分是关于教学方法的，一部分则与道德教育和品质培养相关。这里我们不再涉及政治，而是将注意力转移到心理学和伦理学上。直到最近，心理学还只是一门单纯的学术研究，很少运用于实际之中。现在这种情况已经彻底变了。比如，我们有了工业心理学、临床心理学、教育心理学，这些都有着特别重要的实践意义。我们可以希望并预见在不久的将来，心理学对我们制度的影响将会迅速增加。无论如何，在教育方面，它已经

产生了巨大而有益的影响。

让我们先来看看“纪律”问题。陈旧的纪律观点非常简单，就是一个孩子被命令去做他不喜欢做的事，或者被禁止去做他喜欢的事。当他不服从时，就要受到身体上的惩罚。在极端情况下，还会被关禁闭，只提供给他面包和水。例如，阅读《费尔柴尔德家族》(*The Fairchild Family*)中关于小亨利如何学习拉丁文的章节就会知道这些细节。小亨利被告知，除非他学会拉丁文，否则他永远也不可能成为一名牧师。尽管有这样的警告，小男孩还是没有如父亲所愿认真学习。所以他被关进阁楼，只给了面包和水，并且禁止和他的姐妹们说话。姐妹们被告知小亨利是家族之耻，不许跟他有任何往来。然而，姐妹中还是有一个给他送了一些食物。仆人告发了她，她也因此惹上麻烦。书上说，在被关了一段时间禁闭以后，这个男孩开始爱上了拉丁语，从此刻苦学习。这个故事与契诃夫写他叔叔试图教小猫抓老鼠的故事形成了鲜明的对比。他叔叔把一只老鼠带到小猫的房间，但小猫的捕猎本能还未形成，对老鼠毫不在意，于是他就把小猫打了一顿。第二天，同样的过程又重复了一遍，并且接下来的几天也是如此。最后这位教授终于相信，这是一只无法调教的笨猫。在往后的日子中，小猫的其他方面都很正常，但每次看到老鼠就吓得冒汗并逃走。“就像这只小猫，”契诃夫总结说，“我有幸被我叔叔教过拉丁文。”这两个故事描述了老旧的纪律观念以及现代观念对它的反抗。

但现代教育家并非简单地回避纪律，他们用新的方法来维持纪律。关于这个问题，那些没有学习过新方法的人容易产生误解。我之前一直认为蒙台梭利女士抛弃了纪律，而且很好奇她是怎么管理一屋子小孩的。读了她对自己教学方法的自述之后，我发现纪律仍然占据重要的位置，她并未试图放弃它。当我把3岁的儿子送去蒙台梭利学校度过他的上午时光后，我发现他很快就变成了一个更守纪律的人，并且愉快地默认了学校的规则。但是他并没有任何被外部力量强迫的感觉：这些纪律就像是一个游戏的规则，遵守规则是获得乐趣的一种手段。过去的观念认为小孩子不可能自愿（wish）去学习，只有通过恐吓的方式才能强迫他们学习。现在人们发现，这完全是由于缺乏教学技巧。通过把必须学习的东西——比如阅读和写作——划分成适当的阶段，每个阶段都可以让普通孩子乐于接受。当孩子们在做他们喜欢做的事情时，自然没有需要外部纪律的理由。制定一些简单的规则：一个孩子不能干扰其他孩子；一个孩子每次不能占用一种以上教具。这些都很容易被理解，而且合乎情理，遵守起来也并不困难。这样，孩子们便懂得了自律。这种自律一部分是由于他们养成了良好的习惯，一部分是由于他们在具体的情境下获得了这样的认知：为了最终的收获而抑制冲动是值得的。每个人都知道在游戏中保持自律是很容易的，但是没有人想到，知识的获得也会足够有趣，从而能够使得同样的自律动机发挥作用。现在我们知道这是可能的，并且它将不仅在幼儿教育中实施，也会在所有的教育阶段中普及。我不会假装这样做很简单。这里所涉及的教育学发现需要天才，但是运用它的教师并不需要特殊的天赋。他们只需要接受适当的训练，加上一定程度的同情心和耐心，而这也算不上特殊的才能。基本的理念很简单：恰当的纪律不在于外在的强迫，而在于形成好的思想习惯，这种习惯会自发地引导至喜欢的而非讨厌的活动。在教育中寻求体现这一理念的技术型方法大获成功，这实在令人感到惊叹。为此，蒙台梭利女士值得最高的赞扬。

教育方法的改变很大程度上受到原罪信仰衰落的影响。现在几乎已经不存在的一种传统的观点认为，我们生来就是“可怒之子”（Children of Wrath），天性充满邪恶。在我们身上产生任何善念之前，我们必须成为“恩典之子”（Children of Grace），而频繁的惩罚可以加速这一进程。大多数现代人都难以相信这个理论曾对我们祖辈的教育有如此深远的影响。

摘自迪恩·斯坦利（Dean Stanley）撰写的阿诺德博士（Dr. Arnold）传记的两段引言将表明现代人理解错了。迪恩·斯坦利是阿诺德博士最喜欢的学生，就像《汤姆·布朗的求学时代》（*Tom Brown's Schooldays*）里的好孩子阿瑟一样。他是我的堂兄，我小时候曾跟着他观光过威斯敏斯特大教堂。阿诺德博士是我们公学的伟大改革家，而公学曾被视为英格兰的伟大荣耀之一，并且到现在我们在很大程度上还是按照他设立的原则来办学。因此，在讨论阿诺德博士时，我们所讨论的并不是某个遥远过去的东西，而是时至今日仍塑造着英国上流社会人士的事物。阿诺德博士减少了鞭打，只针对年幼的男孩予以保留，而且据他的传记作者说，他将鞭打限制在“道德上的过错，比如撒谎、酗酒和习惯性的懒惰”。但是当一本自由主义杂志指出鞭打是一种使人堕落的惩罚，应该被完全废除时，他感到异常愤怒。他在报刊上回复：

> 我很清楚这种说法想要表达的感受，它起源于骄傲的个人独立主义观念，这种观念既不合理，也不符合基督教教义，从本质上来说是野蛮的。它带着骑士时代的各种诅咒造访欧洲，现在又以雅各宾主义的诅咒威胁着我们……在这个时代，几乎不可能对犯罪或过失产生像

> 真正的男子汉一样的堕落感，又到哪里去寻找智慧来鼓励人们产生有利于个人修正的奇妙的堕落感呢？淳朴、清醒和谦卑是年轻人最好的装饰品，也是高贵男子气概的最佳保证，还有什么比上述观念更错误、更有损于这些品质的吗？

自然而然地，他的再传弟子们相信，当印度土著们缺乏“谦卑之心”时，就应该受到鞭打。

另外一段话被斯特雷奇先生（Mr. Strachey）在《维多利亚时代：四名人传》（*Eminent Victorians*）中部分引用过，这段话是如此贴切，我忍不住要再次引用。阿诺德博士外出度假，欣赏了科莫湖的美景。他的享乐方式被记录在他写给妻子的信中：

> 看到四周令人窒息的美丽景象，再想到道德上的恶，不禁让人觉得可怕。仿佛天堂和地狱之间并没有隔着一条鸿沟，而是在交界线上紧紧相连，而且实际上离我们每个人都不远。但愿我心中对道德之恶的感觉和我对外在美感受到的喜悦一样强烈，因为在对道德之恶的深刻感觉中，也许比在其他任何事物中更可能存在着因上

帝而得救的智慧！欣赏美德并不够，我们可能去做，也可能并没有践行。但是如果我们真的恨恶罪，不是恨恶罪所在的人，而是恨恶这些人身上的罪本身，并且清楚肯定地认识到自己的内心——这就会让我们产生上帝和耶稣般的感触，并且使我们的灵和上帝的灵产生共鸣。唉！看到和说出这一点是多么容易，做到和领悟又是多么困难！谁能够做到这些？没有人，只有感到自己的不足并且对此真正感到悲哀的人。愿上帝保佑你，我亲爱的妻子，藉着耶稣基督，永远保佑你和我们挚爱的孩子。

看到这位天性温和的绅士陷入一种虐待狂的情绪中是令人悲哀的，在这种情绪中，他可以毫不内疚地鞭打小男孩，并且完全认为他只是在尊奉宗教的仁爱。当我们想到这位被蒙蔽的人，着实感到同情。但是，当想到他通过制造一种恨恶“道德罪恶”（前面提到过，这种“道德罪恶”还包括儿童的习惯性懒惰）的氛围，而给这个世界上好几代人带来的残酷时，又觉得非常可悲。我一想到正直的人们曾打着公正的旗号惩处“道德罪恶”，从而犯下战争、酷刑、压迫等罪行，就觉得战栗。万幸的是，教育家们不再认为小孩是撒旦的帮凶。在对待成年人时这种观点仍然大量存在，尤其是在惩罚罪犯时，但在幼儿园和学校，它几乎已经消失了。

还有一个错误与阿诺德博士的错误相反，它远没有这么大的伤害，但从科学的角度来说仍旧是一个错误，那就是认为儿童天生是善良的，只是被他们长辈的罪恶腐蚀才变得堕落。这种观点传统上被认为与卢梭有关，也许卢梭只是在抽象层面持有这一观点，但是当我们读到《爱弥儿》（*Emile*）时就会发现，一个学生在成为教育系统期望培养出来的典范之前，需要接受大量的道德训练。事实上，孩子既不是天生的“善”也不是天生的“恶”。他们天生只有各种条件反射和一些本能；出于这些条件反射和本能，在环境的作用下，形成了习惯，这些习惯可能是健康的，也可能是不良习惯。他们未来会养成什么样的习惯，主要取决于母亲或保姆的智慧，孩子的本性在最初有着不可思议的可塑性。绝大多数孩子都有成为一个好公民的潜质，也有成为一名罪犯的潜质。科学的心理学表明，在工作日鞭打和在星期日布道并不是产生美德的理想方法。但这并不代表没有达成这一目的的方法。我们很难否认塞缪尔·巴特勒（Samuel Butler）的观点：过去的教育家以折磨儿童为乐；否则，很难理解他们怎么能长久不懈地给儿童制造无意义的痛苦。让一个健康的孩子快乐并不难，而如果他们的身心得到适当的照顾，大多数孩子都会是健康的。要造就优秀的人，有一个幸福的童年是必不可少的。如果让孩子觉得他所受的教育是在教他一些值得知道的东西，那么被阿诺德博士视为“道德罪恶”的习惯性懒惰便不存在了[2]。但是，如果所传授的知识毫无价值，而传授这些知识的人又表现得像个残酷暴君，那孩子们自然就会表现得像契诃夫笔下的小猫一样。每个正常的孩子都有自发学习的意愿，就像他们努力学习走路和说话时一样，这种意愿才应该是教育的驱动力。用这种驱动力取代棍棒惩罚是我们这个时代的一大进步。

这就引出了最后一点，我希望在对现代趋势的初步调查中注意到的——我指的是，给予婴儿期更多的关注。这与品质培养观念的变化紧密相关。过去认为，美德本质上取决于意志（will）。我们应是充满了邪恶欲望的，必须通过抽象的意志来控制这些欲望。这些邪恶的欲望显然被认为是不可根除的，我们能做的只是控制它们。这种情况类似于罪犯和警察的关系。无人认为能存在一个没有潜在罪犯的社会。最多是拥有这样一支高效的警察队伍，使得大多数人不敢犯罪，而

2　也许阿诺德博士的很多学生患有腺状肥大，它会引起习惯性的懒惰，不过医生通常不会用鞭打来做处方。

少数例外的人会被逮捕并受到惩罚。现代犯罪心理学家并不认同这一观点。他们相信，在大多数情况下，适当的教育可以阻止犯罪冲动的产生。适用于社会的东西也同样适用于个人。孩子尤其希望受到长辈和同伴的喜爱。通常，他们会产生各种冲动，根据他们所处的不同环境，这种冲动可以向好的方向发展，也可以向坏的方向发展。同时，在他们这个年龄，养成新习惯仍然是很容易的。好的习惯在很大程度上可以自动产生大多数美德。另一方面，人们发现，旧式美德让邪恶的欲望泛滥，只是用意志力来控制它们的表露，这种美德远不能提供令人满意的控制不良行为的方法。邪恶的欲望就像一条被堤坝控住的河，但它总能逃过意志的监视，找到别的出口。一个年轻时曾想要谋杀自己父亲的人，后来会在鞭打他的儿子时得到满足，因为他觉得这样做是在惩罚“道德罪恶”。为残忍辩护的理论几乎总是源于某种欲望，这种欲望被意识引导而偏离自然轨道，转入地下，最终以另一种难以辨认的形式（比如对罪恶的憎恨，或者是某种可敬的东西）重新出现。因此，通过意志来控制邪恶的欲望，虽然有时是必要的，但作为一种培养美德的手段是不够的。

这种考虑把我们带到了精神分析的领域。在精神分析的科学研究中，我发现很多细节是荒诞的，而且没有足够的证据支持。但是它的一般方法在我看来是非常重要的，而且对于创造正确的道德训练方法来说必不可少。在我看来，许多精神分析学家对婴儿早期的重要程度有些夸大。他们有时谈起话来，就好像一个孩子的性格在 3 岁就不可逆转地定型了。我确信情况并非如此。但这种缺陷也是正确道路上的缺陷。过去，幼儿心理学被忽视了。事实上，理智主义方法的流行使得关于幼儿心理的研究不可能得到重视。以睡眠为例。所有的母亲都希望自己的孩子睡觉，因为这样做既健康又方便。她们发明出一种特定的技巧：晃动摇篮，同时唱摇篮曲。科学地研究过这个问题的男性发现，这种方法在理论上是错误的。因为它可能在任何时候都奏效，同时也会带来坏习惯。每个小孩子都喜欢被宠爱，因为这会使他们产生自我满足感。如果他们发现不睡觉可以吸引其他人的注意力，就会很快地学会采用这种方法。这样的结果对健康和品质同样有害。这里最重要的信息是习惯的形成：形成睡眠与婴儿床的联系。如果这种联系充分确立，孩子就不会在不睡时躺着，除非他生病或受伤。但是这种联系的产生需要一定的纪律，不是单纯的纵容就能达到的。因为纵容会让躺着不睡和愉快的情绪建立联系。类似的考虑也适用于其他好习惯和坏习惯的形成。整个研究还处于起步阶段，但几乎可以肯定还会进一步发展。

很明显，品质教育必须从一出生就开始，并且需要采取一种与保姆以及无知母亲的诸多实践相反的方法。同样明显的是，明确的教导可以比过去通常认为的更早开始，因为它可以使人愉悦，同时不影响婴儿的注意力。近年来，教育理论在这两个方面都产生了根本性的变化，并且随着时间的推移，其有益影响可能会越来越明显。在接下来的内容中，我将对幼儿时期的品质训练进行相当详细的考虑，之后再讨论更大年龄阶段的孩子的教育。

第二章

教育的目的

在考虑怎样教育孩子之前，最好对我们想要取得什么样的成果做到心里有数。阿诺德博士要让孩子获得“谦卑之心”（humbleness of mind），而亚里士多德主张的“宽宏之士”（magnanimous man）则不具备这种品质。尼采的理想是非基督教的，康德也是如此：基督要求世人仁爱，但康德教导人们，任何以爱为动机的行为都不可能是真正有美德的。哪怕人们对构成良好品质的因素意见一致，但他们可能会对这些因素的相对重要性各执己见。有人可能会强调勇敢，有人可能重视学习，另外的人可能注重友善，而还有人追求正直。比如老布鲁图斯[1]，可能会把个人承担的对国家的义务置于家庭感情之上；而另一个人，比如孔夫子，可能把家庭感情置于第一位。所有这些分歧都会给教育带来差异。我们必须先对自己想培养什么样的人才有一个概念，然后才能对我们认为最好的教育有一个明确的看法。

当然，一位教育者教育出来的孩子可能与他们设定的目标完全不同，从这个意义上看，可能是因为教育者的愚蠢。乌里亚·希普（Uriah Heep）[2]在一所慈善学校学习如何谦卑的课程，但实际结果跟课程初衷大相径庭。不过总体说来，那些最有能力的教育家还是取得了相当的成功。像中国文人、现代日本人、耶稣会士、阿诺德博士以及美国公立学校政策的指导者。所有这些人都取得了巨大成就，虽然方式各不相同。他们在不同的情形下设定的目标大不相同，但是基本上都实现了预期目标。在我们自己努力确定应该为教育设定何种目标之前，可能有必要先花点时间来研究一下这些不同的教育体制。

1 古罗马政治家，其子马可斯·布鲁图斯是罗马共和国后期元老院议员，虽然曾得到凯撒大帝的悉心栽培，但仍组织参与谋杀凯撒。——译者注
2 狄更斯小说《大卫·科波菲尔》中的伪君子。——译者注

在某些方面上，传统的中国教育和鼎盛时期的雅典教育非常相像。雅典的男孩被要求从头到尾背诵荷马史诗，中国的男孩也被要求熟记儒家经典。雅典人通过外在的礼拜仪式学会如何对众神表示敬畏，并且不给自由思考设置障碍。与之类似，中国人学习与祖先崇拜相关的特定仪式，但并不意味着他们必须接受仪式所包含的信仰。人们期望受过教育的成年人持有平和而优雅的怀疑主义态度：什么事情都可以讨论，但断然定论会被视为是粗鄙的表现。各种观点应该是能在餐桌上愉悦讨论的东西，而不是需要人们为之相互争斗的事物。卡莱尔（Carlyle）[3]称柏拉图是“一位高贵的雅典绅士，即使在圣地也总是悠哉游哉”。这种“即使在圣地也总是悠哉游哉”的风度也可以在中国圣贤身上找到，但基督教文明所孕育的圣贤身上通常缺乏这种风度，除非他们像歌德那样深受希腊精神的熏陶。雅典人和中国人一样，都愿意尽情享受人生，而且他们对于享乐的观念也因他们精致细腻的审美而得到升华。

但这两种文明之间也存在巨大的差异，这是由下面的事实造成的：总体来说，希腊人精力旺盛而中国人散漫懒惰。希腊人将旺盛的精力投入艺术、科学以及相互杀戮，并在这些

3　19世纪苏格兰哲学家、历史学家和评论家。——译者注

方面都取得了空前成功。政治与爱国主义是希腊人发泄精力的实际出口：当一位政客被驱逐后，他会率领一帮流亡的人去攻打他的家乡城邦。而一名中国官员被贬谪后会退隐山林，写诗自娱，享受田园生活的乐趣。因此，希腊文明会自我毁灭，但毁灭中国文明的力量只可能来自外部。然而，这些差异似乎并不能完全归因于教育，因为儒家思想在日本从未产生像中国文人阶层特有的那种闲散优雅的怀疑主义，京都的贵族是例外，他们形成了类似圣日耳曼区[4]人的群体。

中国的教育造就了稳定和艺术，但未能产生进步或科学。这也许可以看成怀疑主义预期带来的自然结果。强烈的信念要么带来进步，要么带来灾难，但绝不会是稳定。即使在攻击传统信念时，科学也仍然有自己的一套信念，但它在文人怀疑主义盛行的氛围里很难得到蓬勃发展。各种现代发明造就了一个好斗的世界，在其中的各民族需要有活力以求自保。而且没有科学，民主也不可能实现：中国文明仅限于少数受过教育的人，而希腊文明则基于奴隶制。由于这些原因，中国的传统教育不适应现代社会，并且已经被中国人自己抛弃了。18 世纪出现的在某些方面跟中国文人相似的有教养的绅士，

4　巴黎的一个贵族区域。——译者注

出于同样原因，现在也已不可能出现了。

现代的日本生动地阐释了所有大国都有的一个显著趋势，就是将国家强盛作为教育的最高目标。日本教育的目标是培养充满为国献身热情的公民，同时通过学习知识成为有用之才。对于日本为达到双重目的所采取的手段，我无法给予充分的赞誉。自佩里将军的舰队抵达之后，日本人一直处于难以自保的境地；他们的成功证明了他们的方法是有效的，除非我们认为自保本身是有罪的。但是只有绝境能为他们的教育方法提供正当性，在任何没有紧迫危险的国家使用这种方法都应该受到谴责。日本的神道教甚至连大学教授都不能对其提出异议，它涉及的历史跟《圣经·创世记》（*Genesis*）一样可疑；达顿审判[5]在日本这样的神学专制面前都显得微不足道。日本还存在伦理专制：民族主义、孝道、天皇崇拜等，都不允许质疑，因此，在很多方面都几乎不可能进步。这种铁腕体制所面临的最大危险是激发革命，这是推动进步的唯一方法。这种危险真实存在，虽然并不紧迫，而且这种危险在很大程度上是由教育体制造成的。

5　指 1925 年轰动全美国的田纳西州达顿镇“猴子审判”案。一位教员因支持一位进化论倡导者被裁定违法，罚款 100 美元。——译者注

因此，我们在现代日本看到了跟古代中国相反的弊端。中国文人过分怀疑和懒散，而日本教育的产物又可能过于教条和活跃。教育应该产生的，既不是对怀疑主义的默认，也不是对教条的默认。它应该产生的是一种信念：在一定程度上，知识是可以获得的，虽然可能要克服一些困难；任何时候，大部分被认为是知识的东西都可能或多或少地存在错误，但这些错误可以通过细心和勤奋来加以纠正。在按照我们的信念行事时，应该非常谨慎，因为一个小错误可能意味着灾难，但是我们必须以信念作为行动的基础。保持这种心态颇为不易：它要求有高度的理智修养，同时又不造成情感的衰退。不过，保持这种心态虽然有难度，但并非不可能，其实这就是科学的心态。获取知识跟其他美好事物一样，虽然困难但不是不可能，只是教条主义者忘记了困难，怀疑主义者否认了可能。他们都是错误的，而且他们的错误一旦扩散就会给社会带来灾难。

耶稣会士跟现代日本人一样，错误地认为教育应服从某一机构的利益——在他们的例子中，这个机构就是天主教会。他们主要关心的不是某个学生的利益，而是让学生成为教会谋利的一种手段。如果我们接受他们的神学，就无法指责他们：使灵魂免于地狱之苦比任何纯粹属于世间的利害得失都重要，这只能通过天主教会达成。但那些不接受这种教义的人将以其教育结果来评判耶稣会士的教育。的确，有时候其结果出乎意料，就像慈善学校培养出乌里亚·希普那样的伪君子；伏尔泰也受了耶稣会士教育的影响。但总体而言，耶稣会士的教育在很长一段时间里还是取得了预期的结果：反宗教改革运动的兴起，以及法国新教的崩溃，在很大程度上要归因于耶稣会士的努力。为实现这些目的，他们使艺术变得伤感，使思想变得肤浅，使道德变得放纵，最终，需要法国大革命来扫除他们造成的危害。在教育方面，他们的罪恶在于教育的动机不是出于对学生的爱，而是出于不可告人的目的。

至今，阿诺德博士的体制仍在英国公学施行，但它还有一个缺陷，即它是贵族式的教育。这一体制的目的，是将学生培养成在国内或英帝国遥远的海外属地有权威和掌握权力的人。贵族如果想要保持地位，就需要具备一些特定的美德，而这些美德将由学校传授。学校培养出来的人应该精力充沛、坚韧不拔、身强力壮，具备某些不可动摇的信念，高度正直并且坚信自己肩负天下大任。相当令人惊讶的是，这些目的都达到了。但在他们的教育中，理智被消灭了，因为理智会产生怀疑；同情被消灭了，因为同情有碍于统治“劣等”种族或阶级。为了养成刚毅不屈的品质，友善之心被扼杀；为了坚定不移，想象力被扼杀。如果在一个永不变化的世界里，这种教育产生的可能结果会是永久的贵族制度，并带有像古希腊斯巴达人一样的美德与瑕疵。但贵族制已经过时，哪怕是最聪慧贤明的统治者，臣民都将不再服从。这促使统治者使用暴政，而暴政又进一步激起反叛。现代世界的复杂性越来越多地要求理智，但阿诺德博士为了“美德”而扼杀了理智。滑铁卢战役要是发生在伊顿公学的操场上或许会胜利，但大英帝国却会在那里失败。[6]现代世界需要一种不同类型的人才，他们拥有更多想象的同情心，拥有充满理智的灵活性，更多地信服技术知识，更少地相信血气之勇。未来的管理者必须是自由公民的仆人，而不是万民景仰的仁慈统治者。英国高等教育中根深蒂固的贵族传统是它的祸根。也许这种传统会被逐步清除，也许老套的教育机构会发现无法适应新环境。关于这些，我不贸然置评。

美国的公立学校成功完成了一项从未被大规模尝试过的任务：将形形色色的不同人种转化成一个统一的民族。这项任务完成得如此圆满，在总体上又是如此有益，完成它的人

6　在滑铁卢战役中战胜拿破仑的英国贵族威灵顿公爵，曾就读于贵族学校伊顿公学。据传他在重访伊顿时说滑铁卢战役胜在伊顿，意指学校教育对他的影响。但作者认为这种教育会使大英帝国衰亡。——译者注

应该获得高度赞赏。但美国跟日本一样，都处于特殊情形中，而在特殊情形中被证实合理的东西，未必能成为各地都可以仿效的典范。美国有某些优势，也有某些困难。这些优势包括：财富水平比较高，没有战败的风险，相对来说没有从中世纪传承下来的严格限制。移民在美国看到的，是普遍存在的民主氛围和先进的工业技术。我认为，正是这两个主要原因，使得几乎所有移民对美国的崇拜都多于对自己祖国的崇拜。不过通常来说，实际的移民保持着双重的爱国精神：在欧洲的冲突中，他们依然热情地支持自己原来所属的国家。相反，他们的子女对父母的祖国已经没有了忠诚，变成了地地道道的美国人。父母的态度可归因于美国的一般优点（general merits），而孩子们的态度则主要取决于他们的学校教育。这里我们只关注学校教育的影响这个部分。

只要学校可以依靠美国的真正优点，也就没有必要把美国的爱国主义教育与灌输虚假的标准相关联。不过，在“旧世界”胜过“新世界”的那些领域，逐渐灌输对真正优点的蔑视就变得必要了。西欧的智力水准和东欧的艺术水准总体上都高于美国。在整个西欧，除了西班牙和葡萄牙之外，都比美国更少地存在神学迷信。在几乎所有欧洲国家中，个人受群体的压制程度都要比美国低：哪怕是在政治自由更少的地方，他们的心灵自由也更大。在这些方面，美国公立学校的做法是有害的。这种危害对于美国排他性爱国主义的教义至关重要。跟日本和耶稣会士的情况一样，这种危害来自把学生当作达到目的的手段，而不是目的本身。教师应当比爱国家或教会更好地爱他的学生，否则他就不是一个理想的教师。

当我说学生应该被视为目的本身而非手段时，或许会有人反驳我：毕竟，个人作为手段比其作为目的更为重要。作为目的的人死去的时候，目的也就就消失了，但他作为手段所创造的东西却永远存在。我们无法否认这一点，但我们可以否认由此得出的结论。一个人作为一种手段的重要性可能是好的，也可能是坏的，人类行动的长远影响是如此的不确定，因此明智的人倾向于在他的考虑中将其忽略。大体来说，好人会有好的影响，坏人会有坏的影响。当然这并非亘古不变的自然法则。一个坏人也许会杀掉一个暴君，因为他犯了罪，暴君要惩罚他；虽然他与他的行为是坏的，但他行为的影响却可能是好的。尽管如此，作为一个宽泛的一般规律，一个由本性优秀的男女组成的社区，会比由愚昧和恶毒的人组成的社区产生更好的影响。即使我们不这样考虑，儿童和年轻人也会本能地察觉到那些真正希望他们好的人，跟那些只是把他们视为某项计划的原材料的人之间的差别。如果教师缺乏对学生的爱，学生的品质和智力都不会有良好而自由的发展，这种爱本质上就存在于以孩子为目的的感受（feeling）之中。我们对自己都有这种感受：我们渴望得到美好的东西，而不必先去证明得到这些东西后可以有助于实现某个伟大的目标。每个有寻常慈爱之心的父母也会对他们的孩子产生同样的感受。父母希望自己的孩子健康成长、身体强壮、成绩优异，等等，这种心情跟他们希望自己得到某样东西是完全一样的。在他们为这些事情不辞劳苦时，他们没有自我否认，也不会考虑抽象的公平原则。父母的这种本能并非总是严格地局限于对待自己的孩子。由此推出，它也必定存在于任何可以作为孩子的好老师的人身上。这种本能的重要性会随着学生年龄的增长而减弱。但只有拥有这种本能的人才能被信任去制定教育方案。那些认为男性教育的目的就是培养会为了无足轻重的理由而杀戮的人，显然缺乏这种普遍的父母本能，但这些人却控制着除了丹麦与中国之外的所有文明国家的教育。

不过，教育者只关照年轻人是不够的，他还必须对人类的卓越之处有正确的认识。猫教小猫捉老鼠，也会教它们如何耍弄老鼠；军国主义者对待年幼的人也是如此。猫爱它的幼崽，但不爱老鼠；军国主义者也许爱自己的儿子，但他不爱自己国家的敌人之子。即使是那些爱全人类的人，也可能因为持有关于美好生活的错误观念而犯错。因此，在进一步讨论之前，我将试着说明我所认为的男性和女性的优点，而暂不考虑它们的实用性或者培养这些优点的教育方法。给出这样的描述将有助于我们考虑教育的细节，我们前进之时就将知道我们所希望前进的方向。

首先，我们必须作一个区分：某些品质是特定的人群所期望的，另一些品质则是人们普遍期望的。我们需要艺术家，但也需要科学家；我们需要出色的管理者，但也需要农夫、磨坊主和面包师。能使一个人在某些方面成为名家的品质，如果所有人都具备，就不是那么令人向往了。雪莱这样描述一位诗人的日常工作：

> 从黎明直到黄昏，
> 他看着太阳在湖面反射下熠熠生辉，
> 看着蜜蜂在盛开的常春藤上飞舞，
> 没注意，也没看见它们是什么。

我们可以说，这些习惯在诗人身上值得称道，但要是在邮递员身上就不是这样了。因此，我们不能以使每个人都有诗人气质为目标来进行教育。不过，有些品质是普遍所期望的，在这里我只考虑这些品质。

我不再对男性和女性各自的优点做区分。对于将要照料婴儿的女性来说，接受一定的专业训练是可取的，但其中涉及的性别差异无异于农夫和磨坊主之间的差异。这种差异无关宏旨，在目前阶段不需要讨论。

我将列出四种在我看来共同构成了理想人格基础的品质：活力（vitality）、勇气（courage）、敏锐（sensitiveness）和智力（intelligence）。我不是说这个清单是完整的，但我认为它为我们提供了一个好的方向。而且我坚信，只要在身体、情感和智力上给予年轻人适当的照料，就可以使这些品质变得十分普遍。下面我将依次讨论。

活力，与其说是一种心理特质，不如说是一种生理特质。通常人们认为只要健康状况良好，活力就永远存在。但它会随着年龄的增长慢慢衰退，到晚年的时候更是逐渐消退至完全消失。活力，会在精力旺盛的儿童达到学龄之时迅速升至顶点，但会因受到教育而减弱。在充满活力的时候，只要活着就充满乐趣，完全不需要任何令人愉悦的特殊状况。它增加快乐，减少痛苦，它容易使人们对发生的任何事情都产生兴趣，从而增进了客观性，这对心智健全发展至关重要。人类容易沉迷于自我世界，而对他们的所见所闻和任何身外之事都提不起兴趣。这对他们来说是很大的不幸，因为往好了说，会让他们感到无聊，往坏了说，则会让他们抑郁；除了极个别的例子，它还是让人们有所作为的致命障碍。活力激发人们对外界的兴趣，也提升人们努力工作的劲头。此外，活力还可以成为安全阀，防止人们陷入嫉妒情绪，因为它使人们自己的存在成为乐事。由于嫉妒是人类痛苦的一大来源，避免嫉妒是活力一项非常重要的价值。当然，许多坏品质可以与活力并存——例如，一只强健的老虎身上所拥有的品质。在缺乏活力的状况下，诸多好的品质也可以存在，比如，牛顿和洛克就没有什么活力。不过，如果他们有一个更好的体格，那他们可能就不会遭受易怒和嫉妒之苦。牛顿如果身体强健并且能享受常人的乐趣，可能就会完全避免他和莱布尼茨之间的论战，这场论战给英国数学带来了长达百年的破坏性影响。因此，尽管它有局限性，我还是认为活力是所有人都应具有的重要品质之一。

我们清单中的第二个品质是勇气。勇气有多种表现形式，而且每种形式都很复杂。无所畏惧是一回事，用力量控制畏惧是另一回事；在恐惧合理时无所畏惧是一回事，在恐惧不合理时无所畏惧是另外一回事。没有不合理的恐惧显然是好的，有力量控制恐惧也是好的。但没有合理的恐惧是否算好事，就有待商榷了。不过，我将之后再讨论这个问题，先讨论勇气的其他形式。

不合理的恐惧在大部分人本能的情感生活中扮演着十分重要的角色。它的病理形式包括迫害妄想症、焦虑情结，诸如此类，需要接受精神病医生的治疗。但是其较为温和的形式，在那些被认为心智健全的人身上也很常见。它可能表现为一种危险临近的笼统感觉，更准确的术语是“不安”，或者害怕某类并无危险的东西如老鼠、蜘蛛等[7]。过去人们常认为许多恐惧出于本能，但是这个看法遭到了今天大多数研究者的怀疑。有些恐惧确实源于本能，例如害怕巨响，但绝大多数恐惧都是由经历或者心理暗示引起的。例如，怕黑似乎完全是由于心理暗示引起的。有理由相信，大多数脊椎动物对其天敌的恐惧并非来自本能，而是从它们前辈那里捕捉到的情绪。当人类把它们养大后，它们就没有其族群之中常见的恐惧。但恐惧极易传染：孩子从大人身上感染到恐惧，甚至是在大人还未意识到自己流露出恐惧之时。通过心理暗示，母亲或保姆的胆怯很快就会被孩子模仿。直到今天，男性都觉得

7　《论儿童的恐惧与焦虑》见威廉·斯特恩（William Stern）《幼儿心理学》（*Psychology of Early Childhood*）第 35 章（亨利·霍尔特出版社，1924 年版）。

会没由来地感受到恐惧的女性充满了吸引力，因为这给了他们机会充当保护者，同时又不会面对任何真实的危险。但是这些人的儿子从他们的母亲那里习得了恐惧，从而不得不经受后天的训练才能恢复勇气。如果他们的父亲当初对母亲不那么轻视的话，他们的勇气是不会失去的。女性处于依附地位带来的害处是不可估量的，恐惧问题只是微不足道的一个例子。

此刻我不会讨论如何最大限度降低恐惧和不安的方法，这个问题我后面会考虑。不过，现在的问题是：我们处理恐惧时，是满足于用压制的方法，还是必须找到一种更彻底的方法将其克服？传统上，贵族经受训练而不流露恐惧，而从属民族、阶级和性别则被鼓励保持畏怯。对勇气的检验一直都是依靠粗糙的行为主义：在战场上不得临阵逃脱，他必须擅长“有男子气概”的运动，面对火灾、沉船、地震等险境必须保持镇定，等等。他不仅要行为得当，还要避免脸色发白、身体哆嗦、呼吸急促，以及其他容易流露出恐惧的信号。下面所有这些在我看来都非常重要：我希望所有民族、所有阶级和所有性别都能培养出勇气。但如果采用压制性的方法，那么与其相关的弊病也会随之而来。羞愧和耻辱一直是产生表面勇气的强力武器，但实际上，它们只会引发各种恐惧的冲突，在这种冲突中害怕受到公众谴责的恐惧会更加强烈。“除非受到恐吓，否则永远讲真话”是我幼时学到的一句格言，但我现在不承认应有例外情况。不仅要在行为上克服恐惧，还要在情绪上克服它；不仅要克服存在于有意识情绪之中的恐惧，还要克服存在于无意识情绪中的恐惧。单纯在表面战胜恐惧，虽然满足了贵族准则，但令对恐惧的冲动转入暗中，并产生邪恶且扭曲的反应，而这些反应并不被认为是恐惧的产物。我不是指“炮弹休克症”（shell shock）这类东西，它们跟恐惧的联系是显而易见的；而是整个压迫和残暴的体制，统治阶级试图通过这个体制来维护他们的统治地位。最近在上海，一名英国军官在没有任何警告的情况下就下令从背后射杀一群手无寸铁的中国学生，他很显然是受到恐惧的驱使，就像战场上的逃兵一样。但是军事贵族没有聪明到会追溯这类行为背后的心理根源；相反，他们认为这体现了坚毅的品质和正当的精神。

从心理学和生理学的角度来看，恐惧和暴怒是非常相似的情绪：感到暴怒的人不具有最高级的勇气。在镇压黑人暴动、共产主义革命以及对贵族制的其他威胁中展示出来的一贯的残暴做法，是一种怯懦的产物，应当与以更明显的形式展示出来的怯懦一样受到蔑视。我相信，通过教育使普通人免于恐惧地生活是可以做到的。时至今日，只有少数英雄和圣人获得了这样的生活，但如果有人指明方向，这些英雄、圣人能做到的，其他人也能做得到。

对于那种不是由于压制而产生的勇气，必须结合一系列因素才能获得。我们从最低级的因素说起：健康和活力虽然并非不可或缺，但它们十分有益。应对危险处境的实践和技巧非常有必要。但在我们考虑普遍意义上的勇气而非某些方面的勇气时，我们就需要有一种更为基本的东西。我们需要的是自尊与一种客观的人生观相结合。先说自尊，有的人遵从自己的内心而生活，有的人则像一面镜子反映的是他们邻居的感觉和话语。后者绝不可能有真正的勇气：他们离不开别人的赞美，并因时时害怕失去这种赞美而感到困扰。关于“谦虚”的教育曾被认为是一件好事，但它却是产生同样弊端的一种变相形式。“谦虚”压制自尊，而不是压制被他人尊重的渴望；它只是一种通过表面上的自谦来获得美誉的手段，而且会因此造成虚伪和本性的扭曲。孩子们被教导要不加思索地服从，等他们长大，又会要求别人这样做。有人说，只有学会服从的人才懂得如何发号施令。我认为，没有人应该学习如何服从，所有人都不该企图命令他人。当然我不是说企业中不应该有领导者，而是说他们的权威应该像足球队长的权威那样，是人们为了实现共同的目标而自愿忍受的。我们的目标应该属于我们自己，而不是外部权威的结果，我们的目标也绝不应该强加于人。这就是我说没人应该命令、没人应该服从的意思。

最高的勇气还需要一样东西，那就是我刚才所说的客观的人生观。一个人如果把希望和恐惧都集中在自己身上，他就会很难坦然看待死亡，因为死亡会消灭他的情感世界。这里，我们再次遇见了这个传统，它提倡采取廉价易行的压制方法：圣人必须学会摒弃自我，必须压制肉欲，放弃本能的欢愉。这些是可以做到的，但其后果是糟糕的。苦修的圣人不仅自己放弃享乐，还号召别人放弃，后者相对更容易做到。始终隐蔽在背后的嫉妒之心使他认为痛苦能使人高尚，因此给别人施加痛苦是正当的。这样就导致了价值的完全颠倒：好的被认为是坏的，坏的被认为是好的。造成所有损害的根源就是认为美好生活可以通过遵从消极的戒律来获得，而不是通过扩充和发展自然的欲望和本能来获取。人性中有些东西可以让我们毫不费力地超越自我，其中最普遍存在的就是爱，尤其是父母之爱，它在某些人身上如此广阔，以致可以爱全人类。另一个就是知识。没什么理由认为伽利略是一个特别仁慈的人，但他为了一个目的而活，这个目的不会随着他的死亡而消失。还有一个是艺术。实际上，所有对自己身外之物的兴趣都会使人生在某种程度上达到客观的态度。虽然看似矛盾，由于这个原因，比起只关心自己病痛的可怜的疑病症患者，有着广泛鲜活兴趣的人在离开人世时更加轻松。因此完美的勇气在兴趣广泛的人身上才能找到，他们不是通过自轻自贱，而是通过珍视外物而不是自我，感受到“自我”只是浩瀚世界中的一粒微尘。但如果没有自由的天性和活跃的才智，这几乎不可能发生。这两者的融合所滋生出的广博的世界观，酒色之徒和苦修者无从知道，这种世界观把个人的死亡看作是微不足道的小事。这样的勇气是积极的、合乎天性的，而非消极的、压制天性的。正是这种具有积极意义的勇气，我将它视为完美品质的主要成分之一。

敏锐是我们清单上的第三个品质，在某种意义上它是对单纯勇气的一种矫正。不懂得危险的人往往容易有勇敢的行动，但这样的勇敢常常是愚蠢的。我们不能把基于无知或者健忘的行为方式看作是令人满意的：尽可能完备的知识和觉悟是应当具备的重要因素。不过，认知方面属于智力范畴，我这里所说的敏锐则属于情感范畴。关于敏锐的纯理论定义是，如果多样的刺激都能使某人产生情绪，那么这个人就是敏感的；但这么宽泛地看待这种品质未必可取。只有情绪反应在某种意义上是适当的（appropriate），敏锐才是好的：单纯的情绪激烈不是我们想要的。我认为这种品质应该是这样的：受诸多事物的影响而产生快乐或者痛苦的感觉，而且这些事物必须是合适的。什么是合适的事物？让我试着解释。第一个阶段是超越食物、温暖等带来的单纯感官快乐，上升到从社会认可中获得快乐。大多数幼儿在约 5 个月大时就进入了这一阶段。这种快乐一旦产生，就会得到迅速发展：每个孩子都喜欢表扬，讨厌责备。通常，渴望好评是人一生都会保有的主要动机之一，它对于激发善行和遏制贪婪当然是很有价值的。如果我们能更加明智地赞美他人，它就可能更具价值。不过，只要最受崇拜的英雄是那些曾经大肆杀人的刽子手，那么光是对赞美的热爱还不足以创造美好生活。

在第二阶段中，敏锐发展出的理想形式是同情。有一种纯粹生理上的同情：很小的孩子会因为兄弟姐妹的哭泣而哭泣。我认为，这为今后进一步的发展奠定了基础。不过它需要从两个方面进行扩展：首先，即使受难者不是自己钟爱的对象，也能对其保有同情；其次，知道有苦难发生，无须亲眼看见也能产生同情。第二个方面的扩展主要取决于智力。一个人有可能只是对优秀小说里描绘出来的生动感人的苦难而感到同情；另一方面，他也可能因一组统计数据而产生同情之心。

这种抽象的同情能力非常重要，同时也非常罕见。当所爱之人受到癌症折磨，几乎每个人都会十分悲痛。在医院看到素不相识的病人痛苦不堪，大多数人也会心有不忍。但是当他们读到有关癌症死亡率的数据时，通常只会因为担心自己或者亲人患病而引发短暂的恐惧。战争也是如此：当自己的儿子或者兄弟遭到杀害，人们感到战争是可怕的；但他们不会因为有一百万人被杀害而感到战争有一百万倍的可怕。一个在所有私人交往中都举止友善的人，却可能为了攫取利益而煽动战争或者虐待“落后”国家的儿童。所有这些熟悉的现象都是由于一个事实：即对大多数人来说，仅仅只有抽象的刺激是不能激发同情的。如果这种情况能够得到纠正，现代世界里的大部分罪恶都将会消除。科学极大地增强了我们对遥远地区民众生活的影响，但却没有增强我们对他们的同情心。假设你是上海一家棉纱厂的股东。或许你是一个大忙人，在最初投资时只是听从财务的建议，你对上海和棉纱都没有兴趣，只关心自己的分红。然而，你还是成了导致无辜民众遭到屠杀的恶势力的一分子，如果幼小的儿童不被迫从事超限而危险的苦工，你的红利就会消失。你对他们的境遇并不在意，因为你从未见过这些孩子，对抽象的刺激无动于衷。这就是大规模工业化如此残酷、对从属种族的压迫如此容忍的根本原因。而通过能够培养对抽象刺激产生敏锐性的教育，可以使这类事情不再发生。

认知方面的敏锐性也应纳入讨论，实际上它跟观察的习惯是一回事，因此将其与智力一起讨论会更加自然。审美的敏锐性提出了一些现阶段我还不希望探讨的问题，所以，我接下来将讨论我们列出的第四个品质，智力。

传统道德的一大缺陷就是低估智力的价值。古希腊人在这方面没有犯错，但是教会引导人们认为除了美德之外什么都不重要，而美德就在于要摒弃一些被武断地称为“罪”（sin）的行为。只要这种态度不改变，人们就无法意识到智力比人为规定的“美德”更有价值。我所说的智力包括已经获得的知识和对知识的接受能力。事实上，两者密切相关。无知的成年人是不可教导的，例如在卫生或饮食的问题上，他们完全无法相信科学的说法。一个人学得越多，就越容易更多地学习——通常假设他接受的不是教条主义的教育。无知的人从来没有受到压力去改变他们的思想习惯，进而已经形成了一种不可改变的僵化态度。他们不仅在应该怀疑的时候盲目轻信，还在应该相信的时候心存怀疑。毫无疑问，“智力”这个词本身更适合代表获取知识的能力而不是已经获得的知识，但我认为这种能力只有通过练习才能得到，就像钢琴家和杂技演员。当然，不用训练智力而传递信息是可能的，不但可能，还很容易，而且人们经常这么做。但我相信不传递信息是不可能训练智力或者帮助人们获取知识的。没有智力，我们复杂的现代世界就无法存在，更无法进步。所以，我把智力的培养作为教育的主要目的之一。这看似寻常，其实不然。教育者常因渴望灌输所谓的正确信念而忽视了智力的训练。为了讲清这一点，有必要更加详细地界定智力，从而发现它所需要的心理习惯。为此，我将只考虑获取知识的能力，而不是实际知识的积累，尽管将后者包含在智力的定义里是合理的。

智力的天然基础是好奇心，在动物身上我们可看到它的初级形态。智力要求敏锐的好奇心，但它必须是特定的种类。乡村邻里之间在天黑后企图透过窗帘相互窥探，这种好奇心没有太高价值。对流言蜚语的广泛兴趣不是出于对知识的热爱，而是出于恶意：没人会交头接耳谈论别人隐秘的美德，但会谈论他们遮掩的恶行。因此，流言蜚语大多是不真实的，但没有人会费力去证实。邻居的罪就像一种宗教慰藉，令人如此愉悦，以致我们不愿停手去仔细研究证据。另一方面，恰如其分的好奇心是由对知识的真正热爱激发的。你可以从被带到一个陌生房间的猫身上看到这种最纯粹的冲动：它会嗅遍房间的每个角落和每件家具。你也可以在小孩身上看到这种冲动，当你打开平时锁着的抽屉或柜橱给他们看时，他们会兴高采烈。动物、机器、雷雨以及各种形式的手工制品，都能唤起孩子的好奇心，他们对知识的渴求会让最聪明的成人感到羞愧。这种冲动随着年龄的增长不断减弱，到了最后，陌生事物只会引起厌恶，再也不会让人产生深入探究的欲望。到了这一阶段，人们会说国家正在走向衰落，并说“我年轻时的情况可不是这样的”。其实，与遥远的过去不相同的只是说话者消逝的好奇心。随着好奇心的消逝，我们可以推想，活跃的智力也会消亡。

不过，虽然童年过后好奇心的程度和广度有所缩减，但它的质量却可以得到长久而持续地改善。相较于对特殊事实的好奇心，对普遍命题的好奇心会显示出更高的智力水平。一般来说，命题的普遍性越强，所涉及的智力水平也越高。（但不宜过于拘泥这个规律。）脱离了个体利益的好奇心，比诸如与获取食物相关的好奇心，显示出更高的发展程度。在陌生的房间里嗅来嗅去的猫不是完全无私的科学探索者，而是可能也想看看附近是否有老鼠。说无私状态下的好奇心才是最好，也许不太正确，不如说当好奇心与其他利益之间不是直接和显著的关联，但通过一定程度的智力运用能发现这种关联，这时的好奇心就是最好的。不过我们无须对这一点下定论。

如果好奇心想要取得成果，就必须跟一些特定的求知技巧结合起来。观察的习惯是必须具备的，保持对知识的可能性的信念，以及保持耐心与勤奋。有好奇心做基础，再辅以恰当的智力教育，这些东西将自然发展起来。但由于智力生活只是我们全部活动的一部分，而且好奇心常常跟其他情感有所冲突，所以我们还需要某些智力上的美德，比如开放的心态。由于习惯和欲望的影响，我们变得不易接受新的真理：我们发现否定自己多年来深信不疑的东西，以及带给我们自尊或其他重要感受的东西，是非常困难的。因此，开放的心态应是教育旨在培养的品质之一。目前，还只能在极其有限的范围内做到这一点，正如1925年7月31日《先驱日报》（*The Daily Herald*）所报道的：

> 受命调查布特尔各校教师颠覆儿童心灵有关指控的特别委员会，已经将调查结果提交布特尔市议会。委员会认为这些指控证据确凿，但市议会将“证据确凿”删去，表示“这些指控需要合理调查”。委员会的一项建议已被市议会采纳：今后聘任的教师应当负责培养学生敬畏上帝和宗教，并尊重国家的民事和宗教机关的习惯。

由此可见，不管其他地方情况如何，布特尔市不存在开放的心态。希望布特尔市议会尽快派遣代表团到美国田纳西州的达顿去，以获得关于执行其方案的最佳方法的启示。但这大概是多此一举。从决议的措辞来看，布特尔不需要别人来指点如何实行蒙昧主义。

勇气对于智力上的诚实跟身体上的英勇一样，都是必不可少的。真实世界比我们想象的要未知得多。从出生的第一天起，我们就在进行不可靠的归纳，并把我们精神上的思考习惯与外在的自然法则混为一谈。各种思想体系如基督教、社会主义、爱国主义等，就像孤儿院一样，时刻准备给人们提供安全以换取对他们的奴役。自由的精神生活不可能像信奉教条的生活那样温暖、舒适和友善；在寒冬风暴肆虐之时，只有教条能给人带来坐在火炉旁一样的温暖。

这引出了一个有些棘手的问题：美好生活应该在多大程度上摆脱群体的束缚？我不愿意使用“群体本能”（herd instinct）一词，因为它的正确性存在争议。但不管怎么解释，这个词所描述的现象我们并不陌生。我们愿意与那些让我们感到有归属感并希望与他们合作的人和睦相处，比如我们的家人、邻居、同事、政党或国家。这很自然，因为要是没有合作，我们就无法获得任何生活乐趣。此外，情绪具有传染性，特别是当许多人同时感受到某种情绪时。很少有人能够在群情激昂的集会中不感到兴奋：如果他们是反对者，他们的反驳也会变得激烈。对于大多数人来说，只有当他们可以赢得某个不同群体的认可，并获得他们思想中的支持时，才可能进行这样的反驳。这就是“圣徒相通”（Communication of Saints）的说法能给受到宗教迫害的人如此大慰藉的原因。我们是应该默许这种跟群体合作的渴望，还是应该通过教育去试图削弱它？两种做法现在都存有争论，所以正确答案必定是找到一个适当的比例，而不是断然做出一种选择。

我的观点是，取悦他人和与人合作的愿望理应是强烈的，也是正常的，但在某些重要的情形下，这种愿望应该能被其他愿望所压制。取悦他人的愿望，其可取之处已经与敏锐联系在一起考虑过了。如果没有这种愿望，我们都会变得粗野，家庭与更高级的社会团体都不可能存在。若是年幼者不渴望得到父母的好评，那么对他们的教育将会非常困难。如果是由智者传给愚者的话，情绪的传染性也有好处。但它在恐慌和震怒的情况下，当然就是相反的影响了。因此，情感的感受能力绝不是一个简单的问题。即便在纯粹与智力相关的事情中，这个问题也还不清楚。伟大的探索者不得不对抗群体，并因自己的独立性而招致敌意。普通人如果不固执己见，他们就不会显得那么愚蠢：至少在科学方面，他对权威的尊重总体来说是有益的。

我认为，在那些处境和禀赋都不出色的人的生活中，所谓的“群体本能”会支配他们大部分的生活领域，只有小部分领域不受影响。这一小部分应该包括他擅长的领域。有的男人只有在一个女人受到所有人赞美的时候才会爱慕她，我们鄙视这样的人：我们认为，一个男人在择偶时应该被他自己的独立感受所引领，而不是跟从他所在团体的感受。如果他对一般人的判断与他邻居判断大致一样，这没有什么问题，但当他在恋爱的时候，就应该被自己独立的感受引领。其他方面也适用类似的原则。农夫在估计自己农田的产量时，应该遵从他自己的判断，尽管他应当在获取一些科学的农业知识之后再进行判断。经济学家应该就货币问题形成独立的判断，而普通人最好跟随权威。有专长就应该有独立性。但人们不应变成刺猬，用浑身的硬刺与世界保持距离。我们的日常活动大多都必须要进行合作，而合作需要有本性做基础。尽管如此，我们都应该学会对我们特别熟悉的事物进行独立思考，并勇于提出不受欢迎的观点，如果我们确信这些观点非常重要。当然，要将这些宽泛的原则运用于具体的问题可能很困难。但如果我们在一个所有人都普遍具有本章所提到的美德的世界里，那么难度就没这么大了。在这样的世界里，不会有圣徒遭到迫害；好人用不着像刺猬一样用硬刺保护自己，并因此感到难为情，他的善行将来自内心的冲动，并且伴有本能的快乐。他的邻居不会憎恨他，因为他们不会惧怕他：对先驱者的憎恨源于他们所激发的恐惧，而在已经获得勇气的人中间不存在这种恐惧。只有被恐惧控制的人才会加入三K党或者法西斯。在充满勇者的世界，不会存在这样的迫害组织，获得美好生活不需要像现在这样过多地压抑天性。美好世界只能由无所畏惧的人来创造和维持，但他们做得越成功，就越少有机会来锻炼他们的勇气。

如果一个社会中的男性和女性，拥有教育所能培养出的最高程度的活力、勇气、敏锐和智力，那这个社会将与迄今存在过的所有社会都截然不同。很少有人会不幸福。目前导致不幸福生活的主要原因有：健康状况不佳、贫穷以及不如意的性生活。所有这些在这个理想的社会中都将变得非常少见。健康几乎是普遍的，甚至衰老都能延缓。工业革命之后，只有集体愚昧才会导致贫穷。敏锐会使人们希望消灭贫穷，智力会给人们指明道路，而勇气会带领他们前行。（怯懦的人宁可一直处境悲惨，也不愿做不寻常之事。）如今，大多数人都对性生活有或多或少的不满，一部分是因为教育不当，一部分是由于当今政府和格伦迪太太[8]的迫害。当这一代没有非理性的性恐惧的女性成长起来，这种状况很快就可以被终结。恐惧曾被认为是使女性“贤良”（virtuous）的唯一手段，她们因此被刻意从身体和心理上调教成懦弱的人。爱情受到压制的女性助长了她们丈夫的残暴和虚伪，也扭曲了她们孩子的天性。一代无畏的女性可以带来一代无畏的孩童，从而改变整个世界。这些孩子没有扭曲变形，而是率真、坦诚、慷慨、博爱而自由的。他们的激情将扫除我们因自己的懒惰、胆怯、冷漠和愚蠢而忍受的残酷和痛苦。是教育给予了我们这些恶劣品质，而我们也必须要通过教育去获得与恶劣品质相反的美德。教育是打开新世界大门的钥匙。

现在是时候该结束关于教育的一般性讨论了，我们将开始探讨体现我们理想的具体细节。

8　英国戏剧《加速耕耘》（*Speed the Plough*）中一个苛刻挑剔的人。——译者注

Education
and
the Good Life

第二部分 品质教育

第三章

出生第一年

过去认为，孩子出生后的第一年是不在教育范围之内的。至少在他们会说话之前，甚至更长的时间，婴儿完全是由母亲或者保姆随意照料的，因为她们被认为本能地知道什么对孩子有益。但事实上，她们并不知道。在出生后第一年，就有很大一部分比例的婴儿夭折了，而在活下来的孩子中，也有许多健康已经受到严重损害。不恰当的护理还为孩子以后不良的思维习惯埋下了祸根。直到最近，所有这些后果才被意识到。科学对育儿的侵入常常使得人们心怀不满，因为它破坏了母亲与孩子相亲相爱的感人情景。但是，感情用事与真爱不能共存。关爱孩子的父母会希望孩子活下去，哪怕需要运用智力才能达到目的。正因为如此，我们发现感情用事这种情绪在没有孩子的人，以及像卢梭那样情愿把自己的孩子送进弃婴堂的人身上表现得最为强烈。大多数受过教育的家长迫切希望了解科学的解释，未受过教育的家长也可以去妇产中心学习相关知识。这样做的结果显示：婴儿的死亡率大幅降低。我们有理由相信，如果得到了充足的关照，使用了恰当的技术，婴儿很少会夭折。这样做的话，不仅只有婴儿的死亡率会下降，活下来的婴儿也将会拥有更加健康的心理与体格。

严格地说，关于身体健康的问题不在本书的讨论范围之内，应该留给医学工作者去解决。只有当它们具有心理学上的重要意义之时，我才会涉及。不过在出生的头一年，婴儿的身体问题和心理问题几乎区分不开。而且，人们在照料婴儿时犯下的纯粹生理学上的错误，会妨碍婴儿日后的教育者。因此，我们无法完全避免闯入理论上不属于我们的领域。

新生儿具有各种生理条件反射和本能，但却没有习惯。他们在子宫中形成的任何习惯在新的环境中都是无用的：甚至有时还要教他呼吸，有些婴儿夭折就是因为他们没有迅速地学会呼吸。但有一种本能发育得很完善，那就是吮吸。当婴儿吮吸时，他会对新的环境感到舒适而熟悉。然而，在其余醒着的时间里，他都是在一种模糊的迷惘中度过的，他摆脱这种状态的办法是用一天中的大部分时间来睡觉。两周以后，这一切都发生了改变。婴儿已经在定期重复的体验中建立了期待。他已然成为一位保守主义者——一位可能比以后任何时候都更加完全的保守主义者，任何新奇的事物都会遭到他的厌恶。如果能说话的话，他会说："你以为我会在有生之年改变我终生的习惯吗？"婴儿养成习惯的速度令人惊异，他养成的每个坏习惯都会成为今后养成好习惯的障碍。这就是为什么婴儿早期的习惯养成如此重要。倘若最初的习惯是好习惯，就可以为以后省去无数的麻烦。而且，很早形成的习惯在以后的生活中会变得像一种本能一样，两者都会对人产生深刻的影响。后来养成的与早期习惯相悖的新习惯，是不会有同样的力量的。因此，我们应该高度重视最初的习惯养成。

当我们讨论婴儿期的习惯养成时，有两个因素要考虑。第一个也是最重要的考虑是健康；第二个是品质。我们希望孩子成为可爱的人，并能成功应对生活。所幸健康和品质有着相同的发展方向：对其中一个有利的也会有利于另一个。本书我们着重关注的是品质，但健康也需要接受类似的训练。因此我们不会面临两难的选择：培养一位健康的恶棍，或是一位孱弱的圣人。

如今每个受过教育的母亲都懂得类似的简单事实：定时喂养婴儿是很重要的，而不是每当他哭闹的时候就去喂养。这种做法兴起的原因是定时喂养对孩子的消化更有利，这个理由本身就已经很充分了。不过，从道德教育的角度来看，这种做法也是可取的。婴儿常常比成人想象的要狡猾得多，如果他们发现哭闹可以带来令他们满意的结果，那他们就会这么做。在往后的生活中，当抱怨的习惯为他们招来了别人的厌恶而不是宠爱时，他们会感到惊讶和怨恨，世界对他们似乎是冷漠无情的。但如果她们成长为有魅力的女性，即使她们牢骚满腹依然会得到宠爱，而她们儿时养成的坏习惯就会得到强化。富人也是如此。除非在婴儿期采取正确的方法，否则这些婴孩在今后的人生中要么变得牢骚满腹，要么贪得无厌，具体的变化取决于他们的能力。开始进行必要的道德训练的最佳时机，就是出生的那一刻，因为从那时开始的训练不会让期望变成失望。如果推迟，则不管从何时开始，必定会遭到对立习惯的反抗，并因此而招致愤懑。

因此，与婴儿相处需要在忽视和溺爱之间找到一种微妙的平衡。凡是健康所需的事情必须做到。孩子受风吹时，应该将他抱开，并保持干燥和温暖。但孩子如果在没有充分生理原因的情况下哭闹，那就随他哭闹，不然他很快就会变成一个暴君。照顾孩子时不应该过分小题大做：该做的自然要做到，但不要表现出过多的同情。任何时候都不应将孩子看成比小狗还有趣的宠物，必须从最初就把他当作潜在的成年人来认真对待。有些习惯，在成年人身上会令人无法忍受，但在孩子身上也许会非常讨喜。当然，孩子身上不可能实际拥有成年人的习惯，但我们应该避免一切对养成这些习惯造成妨碍的事情。最重要的是，我们不应该让孩子产生自命不凡的感觉。这种感觉会在往后的经历中招致羞辱，并且在任何情况下，它都与事实不符。

婴幼儿教育的困难主要在于父母如何才能找到微妙的平衡。为了避免孩子的健康受到损伤，父母需要时时照看，付出大量的劳动；除非有强烈的父母之爱，否则这些品质几乎不会达到足够的程度。但是，如果存在这样强烈的父母之爱，它又很可能不是明智的爱。对于全心投入的父母来说，孩子无比重要。除非小心留意，不然孩子会感受到这一点，并觉得自己确实像父母认为的那样重要。然而在以后的人生中，他所处的环境不会像父母那样深切地喜爱他，习惯性地认为自己是别人世界的中心将给他带来失望。因此，如果孩子生了小病，父母应该以轻松、愉悦和实事求是的态度来对待。不仅在出生的头一年要这样做，往后也应该这样做。在过去，婴儿在受到限制的同时又被娇惯：他们的手脚被裹住没有自由，衣服穿得过于暖和，他们的自发活动受到限制，但他们又受到宠爱，大人唱歌给他们听，为他们摇摇篮，还将他们抱在腿上逗弄。这种做法理论上是错误的，因为这会让孩子变成无助又娇生惯养的寄生虫[1]。正确的原则是：鼓励孩子的自发性活动，但不鼓励他们对他人发号施令。不要让孩子看到你为他做了多少事，或者吃了多少苦。如果有可能，要让孩子体会凭自己努力取得成功的喜悦，这种成功不能通过对大人的颐指气使获取。在现代教育中，我们的目标是将外在的纪律降至最低程度，但这需要一种内在的自律，这种自律在出生的第一年比其他任何时候都更容易培养。例如，你想让孩子睡觉，不要来回晃摇篮，不要把他抱在怀里，甚至不要待在他能看见的地方。这样的事情一旦你做了一回，下一回孩子就会要求你也这么做。很快地，让孩子睡觉就会变成一桩麻烦事。让孩子感到暖和、干燥和舒适，然后果断地放下他，和他轻声细语地说几句话，之后就留下他一个人。他或许会哭闹几分钟，但只要没生病，哭声很快就会止住。如果你再

1　如果有人反驳说，毕竟世界进步了，我的回答将是，世界进步的速度没有达到它本可以达到的速度，或者如果孩子接受明智的教育，进步速度会更快。

去看，就会发现他已经睡熟。比起宠爱和纵容，这种做法能让孩子睡的时间更长。

正如之前提到的，新生儿没有习惯，只有反射和本能。这意味着他的世界不是由“物体”（objects）构成的。不断重复的体验是认知的必要条件，而认知又是产生“物体”概念的必要条件。婴儿会很快熟悉对婴儿床的感觉，对母亲乳房（或奶瓶）的感觉和气味，以及母亲或保姆的声音。对母亲或婴儿床视觉外观的感知会出现得晚一些，因为新生儿不知道如何聚焦眼神以认清物体的形状。只有通过形成在事物之间建立联系的习惯，触觉、视觉、嗅觉和听觉才会逐渐汇聚合成，形成对物体的常识性认知。这种认知的出现，会引导新生儿期待它的下一次出现。即使到这时，新生儿仍暂时无法感觉到人和物品之间的不同，半用母乳半用奶瓶哺育的宝宝，在一段时间内对母亲和奶瓶的感觉是一样的。在这段时期，教育必须采取纯粹的生理手段。婴儿的快乐是生理上的——主要是食物和温暖——痛苦也是生理上的。通过寻求与快乐相联系的东西和避开与痛苦相联系的东西，从而产生了行为习惯。孩子的哭泣一部分是对痛苦的一种条件反射，一部分是寻求快乐的一种举动。当然，刚开始的时候，哭泣只是条件反射。但由于孩子遭受的任何真正痛苦都尽可能地被免除了，哭泣必然就会与快乐的结果联系起来。因此，孩子很快就开始因为想要得到快乐而哭泣，而不是出于身体上的痛苦。这是他最初的智力成果之一。但不管他怎么努力，也不可能发出遭受真正痛苦时的那种哭声。耳尖的母亲知道其中的差别，如果她是明智的，就会忽视这种不是在表达身体遭受痛苦的哭泣。轻轻摇晃婴儿或唱歌给他听，这样哄孩子既简单又愉快。但孩子会以惊人的速度学会要求大人进行越来越多的愉悦活动，而且它很快会干扰孩子必要的睡眠——除了进食，睡眠本应占据他一天中几乎所有的时间。这些准则中有些显得很严厉，但经验表明，它们有助于孩子的健康和幸福。

不过，尽管成人与婴儿的逗趣活动应该保持在一定限度内，但我们应该最大限度地鼓励婴儿的自娱自乐。从最初开始，婴儿就该有踢腿和锻炼自身肌肉的机会。几乎难以想象，我们的祖先何以能如此长久地坚持使用襁褓。这一点表明，即使是父母之爱也难以战胜懒惰，因为手脚自由的婴儿需要大人更多的关注。孩子一旦学会视线聚焦，就会从观看运动的物体中获得乐趣，尤其是随风飘摇的东西。但在孩子学会抓住看到的物品之前，他们能做的娱乐很少。到他们学会抓住物品之后，快乐就会突然大增。在一段时间里，抓握的练习就足以保证孩子在大多数清醒时间里的乐趣。对声响的愉悦感也是这一时期产生的。对脚趾和手指的控制则要略早一些。最初，脚趾的活动完全是反射性的，然后婴儿会发现它们可以随着他的意愿活动。这带来的快乐可以比得上一位帝国主义者征服一个国家时的快乐：脚趾不再是陌生的身体部位，而融入了“自我”（ego）之中。从这个阶段往后，孩子应该能够发现许多有趣的活动，只要在他能够抓到的范围里有合适的物品。孩子的大多数娱乐活动正是对他的教育所需的——当然，前提是不能让他摔倒、吞下大头针或者以其他方式伤害自己。

总体来说，婴儿出生后的头 3 个月是有些沉闷的，只有享受食物的时候除外。他觉得舒服的时候就会睡觉，而当他醒着的时候，通常都有些许的不适。一个人的快乐取决于心理能力，但这种能力难以在不到 3 个月大的婴儿身上体现，因为他们缺少经验和肌肉控制力。幼小的动物对生活的享受要早得多，因为它们更多地依靠本能，而较少依靠经验；但婴儿依靠本能可以做的事情太少了，只能带来极少的愉悦和乐趣。总之，头 3 个月充满了无聊。不过要有充足睡眠，无聊倒是必要的；如果做太多逗趣孩子的事情，他就会缺乏睡眠。

大约 2 到 3 个月的时候，孩子学会了笑，并且会对人和物品产生不同的感觉。在这个年纪，母亲和孩子之间的社会关系开始成为可能：孩子能够并且确实在看到母亲的时候流露出愉悦之情，而且也发展出并非纯动物性的反应。很快，对表扬和认可的欲望产生了。在我儿子身上，这种欲望第一次真切无误地流露出来时，是在他 5 个月大的时候。他在多次尝试后成功地从桌上拿起一个有点重的铃铛，并在他带着自豪的微笑环顾周围时敲响了铃铛。从这一刻起，教育者有了新的武器：表扬和责备。这件武器在整个童年时期都异常强大，但使用时必须格外小心。在出生后第一年里，不应该对孩子有任何责备，之后也应该谨慎使用。表扬的危害要小一些。但不应轻易给予表扬，以免失去价值，也不应用它来过度刺激孩子。当孩子第一次走路，或者第一次说出一个有意义的词时，任何父母都会忍不住夸奖孩子。一般来说，当孩子通过不懈努力克服了某个困难时，表扬即为此时合适的奖励。此外，这也有利于让孩子感到你对他学习欲望的支持。

但总体而言，婴儿的求知欲如此强烈，父母只需要为他提供机会就好。给孩子提供一个自我发展的机会，余下的他凭自己的努力就可以完成。教孩子爬，教孩子走，或教他学习任何其他的肌肉控制方法，都是不必要的。当然，我们通过和孩子交谈来教他们说话，但我怀疑刻意地教他们一些词汇有什么作用。孩子有自己的学习节奏，试图强迫他们学习是错误的。人在一生中努力的巨大动力，来自克服最初的困难之后获得成功的这种体验。困难一定不能大到令人气馁，也不能小到无法激励人努力。从出生到死亡，这是一条贯穿始终的基本规律。我们是通过亲身实践来学习的。大人能做的是为孩子演示一些他想做的简单动作，比如摇一下拨浪鼓，然后让孩子自己弄明白怎么摇。别人所做的仅仅是对进取心的一种刺激，它本身绝不是一种教育。

规律性和惯例对孩子的幼儿期来说至关重要，在出生后第一年里更是如此。对于孩子的睡眠、饮食和排泄，应该从一开始就养成有规律的习惯。此外，熟悉的环境对孩子的心理也很重要。它可以教孩子学习认知，防止过度紧张，并提供安全感。我有时候想，对于自然齐一性（the uniformity of nature）——据说这是科学领域的一项假定——的信仰，完全是从对安全的渴望中衍生出来的。我们能应对可以预料的事，而如果自然法则突然改变，我们就会灭亡。因为弱小，所以婴儿需要安慰，如果任何事情看起来都是根据不变的法则发生因此可以预测的话，那么他得到安慰时会更加快乐。童年后期对冒险的喜爱会得到滋长，但在出生的那一年，所有不寻常的事都会令人担忧。尽可能地不要让孩子感到害怕。如果孩子病了，而你为之担心，那就小心掩饰你的焦虑，以免通过心理暗示传达给孩子。避免做任何可能引发兴奋的事。如果孩子不按时睡觉、吃饭或排便，不要让他看出你很在意，以免助长他的自大心理。这些做法不仅限于出生的那一年，在之后的几年里更要这么做。切勿让孩子认为某种必要的日常行为——例如吃饭应该是一种乐趣——是你所期望的，你希望他这样做是为了你自己高兴。如果你这样做，孩子很快会认为自己获得了一种新的力量，对那些本该自发去做的事情，他也会希望能有人哄他去做。不要以为孩子没有足够的才智这样做。他力量微小，知识有限，但在这些限制不起作用之处，他拥有和成人一样的才智。在出生后头 12 个月里，孩子学到的东西比以后在同样时段里学到的东西都要多，如果他没有非常活跃的智力，这是不可能做到的。

总结一下：哪怕是最年幼的婴儿，也要把他当作一个将会在世界上占据一席之地的人来对待。不能为了你现时的方便或者从对他的过度关注中获得乐趣而牺牲他的未来，这两者的危害程度相同。这个方面跟其他方面一样，必须将爱和知识结合起来才能遵循正确的方法。

第四章

恐 惧

在之后的几章中，我打算讨论道德教育的各个方面，特别是 2 岁到 6 岁之间孩子的道德教育。到孩子 6 岁时，道德教育应该接近完成了，换言之，他往后所需的其他美德应该基于已经养成的好习惯和已经激发的进取心，自发地培养起来。只有在早期的道德训练遭到忽视或者措施不当的情况下，才需要在后来做很多工作。

我假设孩子已经健康而快乐地满了周岁，并通过上一章讨论的方法为其自律的品质奠定了良好基础。当然，有些孩子的健康状况不佳，即使父母已经采取了目前科学所知的一切预防措施。但我们可以期待，随着时间的推移，这类孩子的数量会大大减少。即使是现在，如果现有的知识得到了恰当应用，这一数量也应该小到不具有统计上的重要性。我不打算考虑应该如何应对早期训练不良的孩子。这是学校老师要处理的问题，不是家长的，而这本书是专门写给家长看的。

人生的第二年应该是非常快乐的一年。走路和说话是新的成就，带来了自由感和力量感。孩子每天都在这两方面有所进步。[1]独立玩耍成为可能，孩子产生了更生动的"看世界"的感觉，他们能比大人从环球旅行中得到的更多。飞鸟、鲜花、河流、海洋、汽车、火车、轮船，都能带来喜悦和浓厚的兴趣。好奇心是无止境的："要看"是这个年龄最常用的词汇之一。经历了婴儿床和婴儿车的束缚之后，在花园、田野或海边自由奔跑产生了一种解脱的狂喜。比起第一年，孩子的消化能力通常会变得更强，吃的食物更加多样，咀嚼也是一种新乐趣。由于这些原因，如果孩子得到良好的照料并且身体健康，生活就是一场美妙的冒险。

但是，随着行走和跑动的自由度增大，也容易产生新的胆怯。新生儿很容易受到惊吓。J. B. 华生博士[2]和他夫人发现，

1 严格说来这种说法可能不准确。大多数孩子都会有明显停滞的阶段，这使经验不足的父母感到不安。但可能在这些阶段，孩子仍然在进步，只是难以觉察。

2 约翰·华生（John Broadus Watson，1878—1958），美国心理学家，行为主义心理学创始人。他将行为主义研究应用于儿童教育。——译者注

最让婴儿惊恐的是巨大的声响和被扔下的感觉[3]。不过，婴儿受到如此周全的保护，以至于他很少有机会合理地表现出恐惧；即便遇到真正的危险，他也无能为力，所以恐惧对他而言毫无用处。第二年和第三年他们滋生了新的恐惧。这在多大程度上是由于心理暗示，在多大程度上是出自本能，仍是一个值得商榷的问题。第一年不存在恐惧，这一事实并不能确切地否定恐惧的本能特性，因为某种本能可以在任何年龄段发展成熟。即使最极端的弗洛伊德主义者，也不会坚称性本能生来就已成熟。能自己四处跑动的孩子显然比不会行走的婴儿更需要恐惧感，因此，恐惧的本能随着这种需求而被激发，这并不奇怪。这个问题在教育上非常重要。假如所有的恐惧都来自心理暗示，那只需不在孩子面前表现出害怕或厌恶的简单办法就可以预防。另一方面，如果有些恐惧是天生的，就需要更为复杂的应对办法。

查尔姆斯·米切尔博士（Dr. Chalmers Mitchell）在《动物的幼年时期》（*The Childhood of Animals*）一书中，给出了大量的观察和实验结果，表明幼年动物通常没有遗传的恐惧本

3 《婴儿心理学研究》（Studies in Infant Psychology），《科学月刊》（*Scientific Monthly*），1921 年 12 月，第 506 页。

能。[4]除了猴子和几种鸟类，幼小的动物看到本物种的天敌时，比如蛇，丝毫不感到惊慌，除非它们的父母已经教会它们要对这些动物感到恐惧。未满 1 岁的儿童似乎从不害怕动物。华生博士通过这样的方法教会孩子害怕老鼠：当给孩子展示老鼠的时候，在他脑后不断敲锣。锣声吓人，老鼠也因与其建立了联系而变得吓人。但在出生的最初几个月，对动物的本能恐惧似乎从来不存在。同样，没有接受过黑暗让人害怕这一心理暗示的孩子，似乎从不惧怕黑暗。当然，有很强的理由支持这种观点：我们原以为属于本能的那些恐惧大多数是后天获得的，要是成人不制造恐惧，它就不会出现。

为了对这一问题有新的认识，我曾仔细观察过自己的孩子，但由于我不可能总是知道保姆和女佣对他们说了什么，因而对事实的解释往往是有疑问的。依据我的判断，孩子们的表现确实证实了华生博士关于出生第一年的恐惧的观点。在第二年，他们仍然没有流露出对动物的恐惧，只有一个孩子在某段时间怕见到马。但这显然是由于一匹马曾突然从她身旁疾驰而过，发出巨大的响声，因而造成了恐惧。她还未

4　我从保罗·鲍斯菲尔德博士（Dr. Paul Bousfield）《性与文明》（*Sex and Civilization*）的引文中知道米切尔博士书中的相关段落。《性与文明》同样也大力提倡这个观点。

满3岁，因此我对更大一点孩子的观察集中在我儿子身上。他快3岁的时候，有了一位新的保姆，这位保姆总是很胆怯，并且特别怕黑。他很快染上了她的那种恐惧（起初我们还不知道）。他见了狗和猫就逃走，面对黑乎乎的柜橱瑟瑟发抖，天黑之后要家里每个角落都开灯，甚至第一次看到妹妹时他也感到害怕，显然，他以为妹妹是来自某个未知物种的奇怪动物。[5]所有这些恐惧可能都是从那位胆小的保姆身上学来的。事实上在她离开后，这些恐惧就逐渐消失了。不过，还有一些恐惧无法这样解释，因为它们在保姆到来之前就有了，并且恐惧的对象是任何成人都不会觉得可怕的东西。其中最主要的是害怕以出人意料的方式移动的东西，特别是影子和机械玩具。通过这些观察，我了解到这类恐惧在儿童时期是正常的，而且有充分的理由认为它们出自本能。威廉·斯特恩的《幼儿心理学》中对这个问题做了讨论，题为“对神秘事物之恐惧”。他写道：

> 这种恐惧——尤其在幼儿期——的特殊意义并未引

5　我认为这种恐惧与对机械玩具的恐惧是一样的。他第一次看见入睡的妹妹时，以为她是玩具娃娃；她动了一下，结果他被吓到了。

起老派儿童心理学家的注意；最近才由格罗斯[6]和我们发现。“与对已知危险的恐惧相比，对陌生事物的恐惧似乎更多地属于原始天性。”（格罗斯）如果孩子碰到任何不符合他熟悉的感知过程的东西，可能会出现三种情形：感觉它如此陌生，以至直接将其作为异物而排斥，而且意识也不会注意到它；或者是通常的感知过程被干扰的程度很强烈，足以引起对这个东西的注意，但没有强烈到导致紊乱。它实际上是惊讶，是求知欲，是一切思考、判断和探索的开始。再或者，新事物突然猛烈地冲击旧事物，使熟悉的观念陷入出乎意料的混乱中，根本不可能立即做出有效的调整，接下来是产生强烈不快和惊愕，即对神秘（离奇）之物的恐惧。格罗斯已经敏锐地指出，这种对离奇之物的恐惧非常显著地建立在本能的恐惧之上，它符合人类代代相传的一种必需的生物学机制。

斯特恩给出了许多例证，其中包括对突然打开的雨伞的恐惧和“对机械玩具的经常性恐惧”。顺便提一下，前者在马

6 卡尔·格罗斯（Karl Groos，1861—1946），德国哲学家、心理学家和美学家。他认为，游戏不是消除原始本能，而是加强未来所需的本能。游戏是儿童对未来生活的预演。——译者注

和牛身上非常强烈：一大群牲畜会被吓得狂奔逃跑，我已证实过。我在这里讲到的我儿子的恐惧，与斯特恩的描述完全一致。使他受惊吓的影子是由室内看不见的物体（例如公共汽车）从街上经过时投下的，这些影子模糊不清又快速移动着。我用下面的方法治好了他：用自己的手指在墙壁上和地板上制造影子，并让他模仿我。很快他就觉得自己明白影子是怎么回事了，并开始享受其带来的乐趣。同样的道理也适用于机械玩具：他看到玩具里面的机械装置就不再害怕了。但如果看不见机械装置，消除恐惧的过程就会变得缓慢。有人送给他一个垫子，人坐上去或受到挤压时会发出一声悠长的哀鸣。这让他害怕了很长时间。我们一直没有把这件吓人的东西完全扔掉：我们将它放在远处，只会稍微有点吓人；我们慢慢营造熟悉感，然后坚持这么做，直到恐惧彻底消失。一般而言，在克服恐惧之后，当初引发恐惧的那种神秘性反而会带来快乐。我认为，对于非理性的恐惧，绝不应该简单地放任自流，而应该通过建立起对它较微弱的形式的熟悉感来逐渐克服。

对于孩子完全缺乏的两种合理恐惧，我们采取了完全相反的做法——也许并不恰当。一年之中我有一半时间住在岩石海岸边，那里有很多的悬崖。我儿子对高处的危险一无所知，如果我们允许的话，他就会直接从悬崖跳入海中。有一天，我们坐在陡坡上，陡坡下面是深达30多米的悬崖。我们就像解释纯粹的科学事实一样平静地告诉他：如果越过边缘，他就会掉下去，像盘子一样摔碎。（不久前，他曾目睹一个盘子被摔到地上摔得粉碎。）他静静地坐了一会儿，喃喃念叨"掉下""摔碎"，接着便要求我们带他离悬崖远一点。那时他大约2岁半。从那以后，在我们留心他的情况下，他对高处的恐惧就足以保证他的安全。但如果不管他，他仍然十分冒失。现在他（3岁9个月）可以毫不犹豫地从近2米高的地方跳下来，而要是我们不管，他还会从6米多高的地方往下跳。可见，在恐惧方面的教导显然没有矫枉过正。我将其归因于这一事实：我们的教育是通过指示，而不是通过心理暗示，当我们下达指示时，我们谁都没有感受到害怕。我认为这在教育上是非常重要的。对危险的理性认识是必要的，恐惧则毫无必要。然而，如果没有丝毫恐惧的元素，孩子是无法理解危险的。当教导者没有表现出恐惧，孩子的恐惧因素就会大大减少。照看孩子的成人不应该感到恐惧。这也是为什么说女性要跟男性一样培养勇气的原因之一。

第二个例子描述的事情我就没有那么刻意了。有一天，我正跟儿子（3岁4个月）散步，在路上发现一条蝰蛇。他见过蛇的图片，但从没见过真正的蛇，他不知道蛇会咬人。看到蝰蛇时他很高兴，蛇游走时他就去追。我知道他追不上，所以没有制止他，也没有告诉他蛇很危险。然而，他的保姆从那时起就不让他在深深的草丛里跑动，理由是里面可能有蛇。结果，他产生了轻微的恐惧，但没有超出我们认为应有的程度。

迄今为止，最难以克服的恐惧是对海的恐惧。儿子 2 岁半的时候我们第一次尝试带他下海。起初这几乎是不可能的事。他不喜欢凉凉的海水，会被海浪声吓到，而且觉得海浪总是不断涌来，永不退去。如果海浪很大，他甚至连海边都不肯去。这是对事物感到普遍胆怯的阶段：动物、奇怪的声音以及各种别的东西都会让他感到惊恐。我们一点一点地应对他对海的恐惧。我们将孩子放进离海很远的水池里，直到单纯的水凉不再让他感到惊愕；当 4 个温暖的月份结束时，他已经学会享受在远离大海的浅水池中赤脚蹚水的乐趣，但如果把他放进没过他腰身的深水池，他还是会哭闹。我们让他在看不见海浪的地方，每次玩上 1 个小时，使他习惯海浪的声音；然后把他带到能看见海浪的地方，让他注意到潮起潮落。所有这些方法，加上父母和其他孩子的示范，也只能使他做到靠近海浪而不感到恐惧的程度。我完全相信这种恐惧出于本能，并相当肯定它不是由心理暗示引起的。第二年夏天他 3 岁半的时候，我们又开始处理这个问题。他仍然害怕真正走进海浪中。我们多次劝诱，再让他看别人都在海里玩耍，但都无济于事。于是，我们又用了老方法。当他流露出怯懦之色的时候，我们让他感受到我们为他感到羞耻；当他表现出勇气的时候，我们就热烈地表扬他。大概有两个星期的时间，不管他如何挣扎和哭喊，我们每天都把他投进海里，让海水没至他的脖子。[7]他挣扎和哭喊得越来越少，在还没有完全停止的时候，他开始要求我们把他放进水中。到两周结束时，我们期待的结果实现了：他不再害怕大海。从那时起，我们完全不管他了，只要天气适宜，他就可以随意到海里玩耍——明显极为享受。他的恐惧并未完全消除，但部分被自豪压制了下去。不过，熟悉感使得恐惧迅速减少，而现在已经彻底消失。他妹妹现在 1 岁 8 个月大，从未表现出对海的恐惧，常常毫不迟疑地径直跑进海里。

我比较详细地描述这件事情，是因为它在一定程度上与我非常尊重的现代理论不符。教育中应当极少使用强迫。但为了战胜恐惧，我认为强迫有时候也是有益的。当恐惧是非

7 我像他那么大的时候，父母的办法是抓住我的脚后跟把我倒提起来，把我的头没入水中一段时间。这个奇怪的办法成功让我喜欢上了水，但我并不推荐这么做。

理性而且表现强烈的时候，孩子只靠自己永远不会获得那些能够表明恐惧毫无根据的体验。在不受伤害的前提下反复经历某一情景，熟悉感就能消除恐惧。只让孩子经历一次可怕的体验很可能没什么用处，必须经常提供这样的体验，让孩子对它不再感到吃惊。如果无须强迫就能获得必要的体验，当然再好不过，但如果不行的话，强迫或许比任由恐惧持续下去而无法克服要好。

还有一点，在我儿子的例子中，可能在其他孩子的例子中也是如此，克服恐惧是一种尤其令人愉悦的体验。它很容易激发孩子的自豪感：当他因为勇敢而受到赞扬，接下来的一整天都会兴高采烈。在稍后的阶段里，胆怯的孩子会因为受到其他孩子的轻视而苦恼，而且要在那时养成新的习惯会更加困难。所以我认为，尽早获得在恐惧方面的自控力，以及尽早传授身体方面的技能，都是足够重要的，因此有必要采取一些略显激烈的方法。

父母从自己的错误中学习，只有当孩子长大后，他们才发现以前应该如何教育孩子。因此，我要讲一件事，以说明过分放纵的陷阱。我儿子 2 岁半时，我们把他放在一个房间独自睡觉。从婴儿房升级到单独的房间，他自豪无比，开始的时候整夜都睡得很踏实。但有一晚狂风呼号，栅栏也被吹倒，发出震耳欲聋的撞击声。他在惊恐中醒来，并大哭起来。我立刻赶到他跟前：他显然是被噩梦吓醒，紧紧抱住我，心脏怦怦直跳。很快，他的恐惧消失了。但他抱怨房间太黑——在那个季节，他通常在黑暗中一觉睡到天亮。我离开后，他的恐惧似乎又回来了，只是轻微了一些，因此我给了他一盏夜用灯。从那以后，他几乎每晚都要哭闹，直到最后我们终于明白，他这么做只是为了让大人过来并且获得小题大做的乐趣。于是，我们很认真地告诉他，黑暗中并无危险，如果他醒了，可以翻个身继续睡，因为如果没有严重的事情发生，我们不会再过来看他。他用心地听了，再也没有哭闹过，除了极偶尔有严重的问题之外。我们把夜用灯也拿走了。倘若我们更加纵容他，很可能会使他长期甚至终生都睡不好觉。

我个人的经验就谈到这里。现在我们必须讨论更为普遍的消除恐惧的方法。

孩子出生的头几年过去之后，教给他们身体上的勇气的最好老师是其他孩子。如果一个孩子有哥哥和姐姐，他们会通过言传身教激发他的勇气，而且他会尝试去做他们能做到的事。在学校里，身体上的怯懦被人轻视，作为成人的教师都无需强调这一点。至少对男孩是这样。女孩也应如此，她们应当拥有与男孩完全相同的关于勇气的标准。值得庆幸的是，在身体方面，不再有人告诫女孩要有“淑女般的”（lady-like）举止，她们提高体能的自然冲动也获得了相当的发挥空间。不过，在这方面女生跟男生之间仍有差别。我深信这种差别根本不应该有。[8]

当我说勇气可取的时候，我使用的是纯粹行为主义的定义：当一个人做了别人因为恐惧而没去做的事情时，他是勇敢的，如果他在做的时候不感到恐惧，那就更好。我不认为通过意志控制恐惧是唯一的真正勇气，甚至是勇气的最佳形式。现代道德教育的秘诀在于，依靠良好习惯产生出以前要依靠自控力和意志力产生（或试图产生）的结果。依靠意志产生的勇气会导致精神错乱，“炮弹休克症”已经提供了无数例证。受到压制的恐惧会以自省所不能觉察的方式强行表现出来。我的意思不是说可以完全摒弃自我控制，正好相反，缺少自我控制，没有人能过一种始终如一的生活。我的意思是，应该只有在意料之外的情况下才需要自我控制，因为教育并未预先针对意外提供指导。训练所有人毫不费力地具备战时所需的那种勇气，这即使可以做到也是愚蠢的。这种勇气是一种特殊且临时的需要，它非同寻常，要是战壕中所需的那

8　见于鲍斯菲尔德（Bousfield）《性与文明》（*Sex and Civilizaiton*）。

些习惯已经被灌输给了年轻人，那么所有其他的教育必会受到阻碍。

已故的里弗斯博士（Dr. Rivers）在《本能与无意识》（*Instinct and the Unconscious*）一书中，对于我所熟悉的恐惧给出了最好的心理学分析。他指出，遇见危险状况的一种途径是进行操控性的活动，而那些能够恰当运用这种方法的人不会感受到恐惧的情绪，至少不会在意识层面上感受到恐惧。逐渐摆脱恐惧，掌握技能，是一种宝贵的体验，可以激发自尊和努力。即便是学骑自行车这样简单的事，也能适度地提供这种体验。在现代社会，由于机械增多，这种技能正变得越来越重要。

我认为，培养身体上的勇气应该尽可能地通过学习操作或控制性的技能，而不是通过跟其他人进行身体竞争来施行。在我看来，登山、驾驶飞机或者在狂风中操控一艘小船所需的勇气，远比战斗中所需的那种勇气更值得赞赏。因此，我会尽可能地训练学龄儿童掌握多少有些危险性的技巧，而不是踢足球这类活动。如果在训练中有什么敌人要征服的话，让物体而不是他人作为敌人。我不是说应该迂腐地应用这个原则，而是说它在体育运动中应当得到比目前更多地应用。

当然，身体上的勇气也有更加消极的方面。比如忍住伤痛而不小题大做。要教会孩子这一点，可以在孩子生了小病时不给予过多的同情。孩子长大后在生活中频频出现的歇斯底里的状况，主要是由于对同情的过分渴望：人们装病是希望获得抚慰和温柔的对待。通常可以通过不鼓励孩子在抓伤或碰伤时哭闹来预防这种性情的发展。在这方面，托儿所对女孩的教育比对男孩的教育差得多。娇惯女孩跟娇惯男孩一样有害，如果女性要跟男性实现平等，她们便不能在那些更严苛的美德方面有所欠缺。

现在我要谈谈非纯粹身体方面的各种勇气。这类勇气更为重要，但更难充分培养，除非先奠定更为初级的基础。

在讨论孩子的恐惧时，我们已提及对神秘之物的恐惧。我相信这种恐惧是本能，而且具有重大的历史意义。大多数迷信都源于此。在缺乏科学知识的群体中，日食或月食、地震、瘟疫之类的事件会引发极大的恐惧。这种形式的恐惧无论对个人还是社会来说都非常危险，因此，在年轻时就将其根除是很有必要的。科学解释是合适的消除方法。没有必要对所有乍一看很神秘的事情都进行解释：在解释次数达到一定程度后，孩子会认为其他情形也应该有解释，并且可能可以接受“迄今还无法解释”的说法。关键在于，要使孩子尽早产生这种感觉：神秘感完全源于无知，而无知可以通过耐心和动脑来消除。一个显著的事实是，最初由于其神秘特性而使孩子感到恐惧的东西，在恐惧消除之后会使他们感到快乐。因此，只要神秘不再滋生迷信，就可以成为学习的动力。我儿子 3 岁半时，曾花了好长时间独自潜心研究花园里的喷水器，直到掌握了水进去后空气被排出的过程及其相反过程。哪怕是很小的孩子，经过解释也可以理解日食或月食。只要有可能，应该对所有使孩子恐惧或让孩子感兴趣的东西都作出解释，这样可以将恐惧转化成对科学的兴趣。这个过程完全符合人类的本能，也与人类历史的发展过程相类似。

这方面的有些问题颇为棘手，处理起来需要很多技巧。最难的是死亡问题。孩子很快会发现植物和动物都会死去。在他 6 岁之前，很可能某个他认识的人会死亡。如果他头脑活跃，就会想到父母也会死亡，甚至自己也是如此。（这一点更难想象。）这些想法会产生许多问题，需要小心回答。有宗教信仰的人与认为死后生命不复存在的人相比，回答这些问题会容易一些。倘若你持后一种观点，就不要说任何与其相反的话；不管出于什么考虑，都不是父母对孩子撒谎的理由。最好的解释是，死亡是人们不再醒来的睡眠。不应太严肃地说出这一点，就当它是可以想到的最平常的事。如果孩子担心自己会死去，就告诉他这在很多很多年里都不太可能会发生。在孩子的人生早期，试图给他们灌输斯多葛式的对死亡的蔑视是无用的。不要主动挑起这个话题，但如果孩子提到了，就不要回避。尽一切可能让孩子觉得死亡并不神秘。只要他是一个正常而健康的孩子，这些办法足以使他不对此陷入沉思。不管对多大的孩子，都要乐意详尽而坦诚地谈论这个话题，告诉他你所相信的一切，并使他产生这个话题相当无趣的印象。无论是老人还是年轻人，花大量时间思考死亡都是没有益处的。

除了对特定事物的恐惧之外，儿童还容易有弥散性的焦虑（diffused anxiety）。这通常是由于他们长辈的过多压制，因此现在不像过去那样常见了。絮絮叨叨、禁止喧闹，对行为举止从不停歇地告诫，曾经使童年变成痛苦的时光。记得我5岁时，大人告诉我童年是人生最幸福的时光（在那个时代，这就是个彻头彻尾的谎言）。我哭得伤心欲绝，真希望自己已经死了，不知道该如何承受今后无趣的漫长岁月。如今，几乎很难想象还有人会对孩子说这样的话。孩子的生命本能地面向未来：它总是指向未来可能发生的事情。这是激发孩子努力的动力之一。让孩子变得怀旧，把未来描述得比过去不堪，就是从源头上扼杀了孩子的生命。但那些无心的多愁善感者过去就是这么做的，跟孩子谈论童年的快乐。幸好他们的言论给人的印象没有持续多久。在大部分时间里，我相信成年人是非常快乐的，因为他们不用上课，而且可以吃自己喜欢的食物。这样的信念是健康而令人振奋的。

羞怯是一种令人苦恼的胆怯形式，它在英国和中国以及美国的部分地区都很普遍，在其他地方则比较少见。羞怯的产生，部分是由于太少与陌生人打交道，部分是由于谨遵社交礼仪。只要方便，孩子 1 岁之后就应该习惯于见到陌生人并跟他们接触。至于礼仪，一开始应该只教给他们最基本的规矩，只要不令人讨厌到无法容忍即可。与其指望他们待在屋里保持安静，倒不如让他们无拘无束地跟陌生人见上几分钟后再带回来。但在 2 岁以后，最好教他们每天能用一部分时间安静地自娱自乐，让他们玩图片、黏土、蒙台梭利教具或其他类似的东西。必须给出孩子能听懂的理由让他们明白为什么要保持安静。礼节不应该以抽象的方式来教导，除非这种教导能作为有趣的游戏来完成。不过，只要孩子能够理解，他就应该认识到父母也有他们的权利；他必须给别人自由，也让自己尽可能享有最大程度的自由。孩子很容易理解公平，别人怎么对待他们，他们也会怎么对待别人。这是良好礼仪举止的核心。

最重要的是，如果你想消除孩子身上的恐惧，你自己就要无所畏惧。如果你害怕雷暴，当孩子第一次在你面前听到打雷声时，他就会染上你的恐惧。如果你表达出对社会革命的畏惧，孩子就会因为不知道你在说什么而觉得更加惊恐。如果你担心生病，孩子也会担心。人生充满了危险，明智的人会无视那些无法避免的危险，对那些可以避免的危险，则谨慎而冷静地行事。你无法避免死亡，但可以避免不留遗嘱的死亡；所以，立下你的遗嘱，同时忘记你终将死去。理性地预防不测与恐惧完全是两码事，前者是智慧的一部分，而所有的恐惧都是盲目的。如果你无法避免感到恐惧，那就尽量别让孩子怀疑你感到了恐惧。最重要的是，要让他拥有广阔的视野，多种鲜活生动的兴趣，这样会使他在以后的人生中，不至于沉浸在对个人不幸的担忧之中。只有这样，你才能使他成为这个宇宙中的自由公民。

第五章

游戏与想象

热爱玩耍是所有幼年动物的标志性特征，无论是人类还是其他动物。在儿童身上，这种热爱常与假扮（pretence）带来的无穷乐趣相伴。游戏和假扮是童年的必需品，要让孩子快乐和健康，就一定得给他提供进行这些活动的机会，而不必考虑这些活动在其他方面的益处。有两个与此相关的教育问题：第一个问题是，家长和学校应该怎样为他们提供机会？第二个问题是，为了提升游戏在教育中的作用，他们还应该做更多的事情吗？

让我们先说说游戏心理学。格罗斯对此的论述已经极为详尽了，上一章提到的威廉·斯特恩的书中则进行了更简短的讨论。这件事涉及两个不同的问题：一个是关于让孩子喜爱游戏的冲动，另一个是关于游戏的生物学效用。第二个问题较易回答。最广为接受的理论似乎毋庸置疑，它认为任何物种的幼崽都会在游戏中对将来必须认真对待的事情进行彩排和练习。小狗的游戏跟大狗打架完全一样，只不过它们不会真的相互撕咬。小猫的游戏类似于猫对老鼠的行为。儿童喜欢模仿任何他们所见到的工作，比如建造或挖掘。在他们眼中越是重要的工作，他们就越喜欢模仿它。他们还喜欢任何给他们的肌肉带来新能力的事情，如跳跃、攀登或者走过狭窄的木板——只要这些活动不是特别难。虽然这种理论笼统地说明了游戏冲动（play-impulse）的作用，但它并没有涵盖这种冲动的所有表现形式，也绝不能认为是给出了一种心理学分析。

一些精神分析学家尝试在儿童的游戏中看出性的象征。我确信这纯属无稽之谈。童年主要的本能冲动不是性，而是成为大人的欲望，更准确地说是获得权力意志（the will to power）。[1] 儿童感受到自己比大人更弱小，因此希望变成能跟他们平起平坐的人。记得当我的儿子意识到有一天他会长大成人，而我也曾是小孩的时候，他是何等的欣喜若狂。人

1　参见 H. C. 喀麦隆博士（Dr. H. C. Cameron）《神经紧张的孩子》（*The Nervous Child*）（第三版，奥兹福德出版社，1924 年版），32 页起。

们可以看到，只要意识到有可能成功，努力就会被激发。孩子在很小的时候就希望做大人能做的事，正如模仿的实践所证实的那样。有哥哥和姐姐的话对孩子是很有好处的，因为他们的目标可以被理解，他们的能力也不像成人那样遥不可及。儿童有强烈的自卑感，如果他们一切正常且受到了到合适的教育，自卑感就可以激发努力；但如果他们受到压制，自卑感就可能成为忧愁的根源。

在游戏中，我们有权力意志的两种形式：一种包含在学习做事之中，一种包含在想象之中。就像受挫的成人可能沉湎于具有性意味的白日梦一样，正常的儿童也会痴迷于具有权力意味的假扮。他喜欢扮巨人、狮子或者火车，在他假扮的角色中，他可以激起别人的恐惧。当我给儿子讲述《巨人捕手杰克》（*Jack the Giant-Killer*）的故事时，我设法让他把自己看作杰克，他却坚定地选择做巨人。当他母亲给他讲述《蓝胡子》（*Bluebeard*）的故事时，他坚持要当蓝胡子，并认为蓝胡子的妻子因为反抗而受到惩罚是公正的。在他的游戏中，还出现了砍下女人脑袋的血腥情节。弗洛伊德主义者会说这是性虐待倾向，但他同样喜欢假扮吃小孩的巨人或者能拉动重物的机车，这些假扮游戏中的共同因素是权力，而不是性。一天，当我们散步回来时，我用明显开玩笑的口吻对他说，也许我们会看到某位迪德利温克斯先生占了我们的房子，他可能会不让我们进屋。在那以后的很长一段时间，他都会装作迪德利温克斯先生站在门廊上，命令我去别人家。他无比喜爱这个游戏，显然他所享受的是假装大权在握的感觉。

不过，如果认为获得权力意志是儿童游戏的唯一源泉，就过于简单化了。他们也喜欢假装恐惧——或许是因为知道这是假装的而增强了他们的安全感。有时我假扮成鳄鱼要吃掉我的儿子，他的尖叫声是如此真切，所以我停了下来，以为他真的被吓到了，但我刚一停下，他就说："爸爸，再演一次鳄鱼。"假扮的乐趣有很多纯粹是对表演感到愉悦——这和成年人喜欢小说和戏剧是一样的。我认为所有这些活动中都有好奇的成分：通过扮演熊，孩子觉得他好像在逐步了解熊。我认为儿童生命中的每一种强烈冲动都在游戏中有所反映：权力在他们的游戏中占据支配地位，是因为权力在他们的欲望中占据了支配地位。

关于游戏的教育价值，所有人都会一致称赞那种旨在学习新技能的游戏，但很多现代人对那种假扮游戏会报以怀疑的态度。在成年人的生活中，白日梦被认为多少有些病态，是用来取代现实领域中的努力的。白日梦招致的坏名声也蔓延到了儿童的假扮游戏上，我认为这是非常错误的。蒙台梭利学校的老师不喜欢孩子将他们的教具当成火车或轮船之类的东西：这样做被称为“混乱的想象”（disordered imagination）。他们说得相当正确，因为孩子们并不是真的在做游戏，虽然在他们自己看来这可能跟游戏没有区别。教具让孩子们觉得有趣，但它们的目的是用来教学，有趣只是教学的一种手段。而在真正的游戏中，娱乐就是首要目的。在我看来，如果将反对“混乱的想象”的做法带入真正的游戏中，就行之甚远了。反对向孩子讲述仙子、巨人、女巫及魔毯等，也同样过分。对于真理上的苦行者，我对他们跟对其他种类的苦行者一样都无法支持。人们常说孩子不能区分假象和现实，但我看不出有什么理由相信这一点。我们不相信哈姆雷特真实存在，但是当我们欣赏这出戏剧时，会对喋喋不休地提醒我们这一点的人感到恼火。不得体地提醒孩子现实是什么样子的人，也会让孩子恼火，他们绝不会被自己的假想所欺骗。

真实是重要的，想象也是重要的；不过，就像在人类的历史中一样，想象在个体的历史中也更早地出现。只要孩子的生理需求得到满足，他就会发现比现实有趣得多的游戏。在游戏中他是国王：事实上，他统治自己疆土的权力超过了世上任何帝王的权力。而在现实中，他必须按时上床睡觉，还要服从一大堆烦人的戒律。倘若缺乏想象力的成人贸然干扰他设定的场景（*mise-en-scène*），他会被激怒。当他建造了一堵连最高大的巨人都无法逾越的墙，你却毫不留心地跨了过去，他就会像罗穆卢斯对雷穆斯[2]那样生气。既然孩子比其他人弱小是正常的而非病态的，那么他通过幻想进行弥补也是正常的而非病态的。游戏不会占有他参加其他可能更有益的活动的时间：倘若他的所有时间都用来做严肃的事情，他很快就会精神崩溃。沉迷白日梦的成人可能会被告知，要努力行动以实现梦想，但孩子还没有能力实现他应该拥有的梦想。他并不会把他的想象当成现实的永久替代品；相反，他热切地希望在时机成熟之时将想象转变成现实。

将真实与事实混为一谈是一种危险的错误。我们的生活不仅受到事实的控制，也受到希望的支配；那种除了事实之外看不到其他东西的真实，是人类精神的牢笼。只有当梦想被懒人用来替代改变现实的努力时，才应受到指责；当梦想是一种动力时，它们就是实现人类理想重要目标的工具。扼杀童

2 罗马神话中的一对孪生兄弟，罗马城的奠基人。两人在建城问题上发生分歧，罗穆卢斯开始挖沟建城墙时，雷穆斯破坏了部分工程，最后还跳过壕沟，表示城墙容易被攻破。罗穆卢斯一怒之下杀死了雷穆斯。——译者注

年时代的想象无异于让孩子变成现实的奴隶，像是被牢牢拴在地球上的生物，因此不可能创造出天堂。

你也许会说，这些都非常有道理，但跟吃小孩的巨人或者砍下妻子头颅的蓝胡子又有什么关系？难道这些东西会存在于你的天堂里吗？在服务于美好的目标之前，想象难道不是应该经过净化和升华吗？作为一个和平主义者，你怎么能让你那纯真的儿子沉迷于毁灭人类生命的想法呢？你如何证明一种从人类必须超越的野蛮天性中派生出来的快乐是正当的呢？我想读者会有这些疑问。这个问题很重要，我将试着说明我为何持有不同的观点。

教育在于培养天性，而不是压制天性。人类的天性非常模糊，可以用很多方式来满足。对大部分天性来说，需要某种技能才能得到满足。板球和棒球满足的是同一种天性，但孩子只会去玩他学过的那种。因此，与品质方面有关的教育秘诀是，给孩子提供可以引导他有效发挥天性的那类技能。孩子身上渴望权力的天性通过当“蓝胡子”获得了原始的满足，但在以后的人生中，可以找到诸如科学探索、艺术创造的方式来造就和培养优秀孩子，以及其他无数有益活动来获得更为高雅的满足。倘若一个人只懂得如何打仗，他渴望的权力意志就会使他以战争为乐。但如果他拥有其他的技能，就可以通过其他方式找到满足。但如果他的权力意志在孩提时就被扼杀在萌芽状态，他就会变得萎靡和懒惰，好事与坏事都做得很少，他将成为一个“对不起上帝和敌人”（*a Dio spiacente ed a' nemici sui*）的人。世界上不需要懦夫的善行，我们也不应该试图把孩子培养成这样的人。当孩子年幼而不大会造成损害时，他们在想象中应该过着远古野蛮祖先的那种生活，这在生物学上是很自然的。只要你能给他们提供能够获得更高雅的满足所需的知识和技能，就不用担心他们会停留在这个水平上。我小时候喜欢翻筋斗，现在我再也不翻了，但并不认为这样做有什么坏处。同样，喜欢扮“蓝胡子”的孩子将会超越这种爱好，学会用其他方式来寻求权力。如果他的想象力在童年能够通过合适那个阶段的刺激而保持活跃，那么它更可能在以后继续保持活力，届时他会以适合成年人的方式来发挥想象力。在道德观念无法引起回应，而且还不需要用它们来约束行为的年龄，强行对孩子灌输道德观念是无用的。唯一的效果就是引起孩子的厌烦，以及到了这些观念本可以形成有力影响的年龄，他们却毫无触动。这是儿童心理学研究对教育至关重要的原因之一。

儿童后来的游戏跟早期的游戏有所不同，变得越来越有竞争性。最初，孩子是独自玩耍的，婴儿很难加入哥哥姐姐的游戏。不过，一起玩耍的乐趣更多，因此一旦一起玩耍成为可能，独自玩耍很快就没有乐趣可言了。英国上流阶层的教育一直赋予学校里的游戏以极大的道德意义。虽然我也承认游戏具有某些重要价值，但在我看来，这种传统的英国观念有些夸大其词。只要不是太过专业，游戏对于健康是有益的；如果太看重特殊的技巧，顶级玩家们就会过分投入，其他人则沦为看客。游戏让孩子学会忍受伤痛而不大惊小怪，让他们玩得忘乎所以而筋疲力尽。但人们宣称的游戏所具有的其他好处，在我看来多半是虚幻的。据说游戏可以教人合作，但事实上游戏只是教我们以竞争的形式合作。这是战争所需要的合作形式，而不是工业或者正常的社会关系需要的。科学在技术上已经使合作代替竞争成为可能，在经济学和国际政治中都是如此；与此同时，科学也使（以战争形式的）竞争比过去更加危险。由于这些原因，培养建立以实体自然界为“敌人”的合作性观念，而不是建立人类非胜即败的竞争性观念，比以前要重要得多。我不想过多地强调这一看法，因为竞争是人的本性，并且必须要有宣泄的出口，那几乎找不到比游戏和体育比赛危害更小的出口了。这是不应取消游戏的合理缘由，但不是将游戏提升为学校课程主要内容的正当理由。让孩子们因为喜欢玩耍而玩耍，而不是因为当权者认为游戏可以消除日本人所谓的“危险思想”（dangerous thoughts）。

在上一章中，对于克服恐惧和培养勇气的重要性我讨论了很多，但勇气必不能跟残忍混为一谈。残忍是以把自己的意志强加于人为乐，勇气是漠视个人的不幸。如果有机会，我会教孩子们在波涛汹涌的大海中驾驶小船，从高处跳水，驾驶汽车甚至开飞机。我要像奥多的桑德森（Sanderson of Oundle）[3]那样，教他们制造机器，以及在科学实验中承担风险。在游戏中，我会尽可能地以无生命的自然作为对手，权力意志能够在这种竞争中得到满足，就像与其他人竞争一样。以这种方式获得的技能比从板球或足球比赛中获得的技能更为有益，由此发展出的性情也更符合社会道德。除了道德因素，对体育的盲目崇拜包含了对智力的轻视。由于愚昧，加上当权者不重视、不促进智力发展，大不列颠正在丧失其在工业中的地位，也许还将失去其帝国的地位。这一切都跟竞技运动具有至高重要性的狂热信念相关。当然，还有更深层的原因：我们未能理解知识和思想在驾驭复杂现代世界中的重

3　弗雷德里克·桑德森（1857—1922），英国奥多学校校长，注重科学教育，将奥多从一所不知名的学校改造成为领先的名校。——译者注

要性，在这方面全盘失败的表现之一，就是相信年轻人的体育成绩是其自身价值的检验标准。关于这个话题我这里不再多谈，后面还会再次谈及它。

学校里的游戏还有一个方面，这个方面常被视为好的，但我认为它总体是不好的，我指的是它们在增强团队精神（*esprit de corps*）方面的作用。当权者喜欢团队精神，因为这使他们能够利用坏的动机去从事被视为有利的事情。如果要让人们付出努力，可以通过激起超越其他团体的欲望而轻易地激发他们努力起来。难的是团队精神无法为非竞争性的努力提供动机。令人惊讶的是，竞争的动机已经深深地侵蚀了我们所有的活动。如果你想要说服某市镇在儿童护理方面增加公共供给，你就必须指出相邻某个市镇的婴儿死亡率更低。如果你希望说服一个制造商采用一种明显更先进的新流程，你就必须强调竞争的危险。如果你想说服英国陆军部接受高级指战员应该掌握少量军事知识的观点——哦不，这是做不到的，甚至用战败的恐惧也说服不了它，因为“绅士风度”传统始终太强大。[4]促使人们出于建设性本身的好处而增强建

4 见《秘密军团》（*The Secret Corps*），凯普顿·费迪南德·托比（Captain Ferdinand Tuoby）著，第六章（默里出版社，1920 年版）。

设性，或者让人们在即便无人会受伤的情况下具备高效工作的兴趣，我们在这两个方面还没有做过什么努力。比起学校里的游戏，我们的经济体制与这一点的联系更为密切。但学校里现存的游戏体现的是竞争精神。如果要用合作精神取代它，对这些游戏进行改造就很有必要了。但深入讨论这个话题会让我们远远偏离主题。我现在考虑的不是建设美好的国家，而是在国家的现状下尽可能地培养良好的个体。个体的改进与社会的改进应该齐头并进，但在教育问题上，我主要关注的是个体。

第六章

建设性

本章的主题已在有关游戏的讨论中偶然提及，现在对它进行专门的讨论。

我们已经看到，儿童的本能欲望是模糊的，教育和机遇可以将它们引入很多不同的轨道。无论是古老的原罪信仰，还是卢梭的自然美德论，都与事实相悖。原始的天性在道德上是中性的，环境的影响可以将其塑造为好的，也能成为恶的。事实是，除开病态的情形，大多数人的天性最初都可以发展成好的形态；只要在出生后的头几年做好心理和生理卫生保健，病态的情况就会变得很少。我们有理由对这个事实保持清醒的乐观。恰当的教育使人可以合乎本性地生活，但这种本性是经过训练和培养的，而不是那种纯粹自然获得的未成形的原始冲动。天性的杰出塑造者是技能，能提供某些特定满足感的技能。给予一个人合适的技能，他会变成有德行的人；给予他错误的技能或者不给予任何技能，他将会变成邪恶的人。

这些总体原则特别适用于权力意志。我们都希望有影响力，但就满足权力的欲望而言，我们并不介意影响的是什么。广义地说，成就越难达到就越能带给我们喜悦。人们喜欢飞蝇钓法，因为它有难度；他们不去射击栖息着的鸟，因为这很容易做到。我举这两个例子，是因为人们做这两件事就只是在娱乐，没有其他动机。但同样的原理可以普遍适用。学习欧几里得后，我就不再喜欢算术；学习解析几何后，我就不再喜欢欧几里得，依次类推。孩子最初会因走路而愉悦，接着是奔跑，然后是跳跃和攀爬。轻易就能做到的事不再给我们权力感，只有新学会的技能，或者拿不准的技能，才会给我们带来成功的狂喜。这就是为什么权力意志有如此巨大的适应性，会根据所学的技能类型进行调整。

建设和破坏都可以满足权力意志，但通常来说建设更难，因此在这方面成功的人会有更强的满足感。我并不打算尝试对建设和破坏下一个学究式的精确定义；我推断，粗略说来，当我们对某个系统感兴趣时，增强该系统的潜在能量就是建设，削弱这种潜在能量即是破坏。或者用更专业的心理学术语来说，我们产生出预先设计的结构时，就是在进行建设；我们释放自然力改变现存的结构，同时又对其后的新结构不感兴趣时，就是在进行破坏。不管我们如何看待这些定义，在现实中我们都知道某种活动究竟是该被视为建设还是破坏，除了在少数情形下，当有人宣称他正在进行的破坏是为了重建而我们又不确定他是否真诚的时候，我们才无法得出结论。

破坏更为容易，儿童的游戏往往从破坏开始，后来才过渡到建设。提着桶在沙滩上玩耍的孩子喜欢让大人造出“沙布丁”，然后他会用铲子将它们铲倒。不过一旦他自己能造出这样的“沙布丁”，他就会乐此不疲，并且不允许别人将它们推倒。当孩子第一次接触到积木时，他喜欢推倒哥哥姐姐用积木搭成的塔。但当他自己学会了搭积木后，就会对自己的表现感到无比自豪，并且不能容忍他的建筑成果被夷为废墟。使孩子喜爱游戏的那种冲动，在这两个阶段完全一致，但新的技能改变了这种冲动引发的活动。

许多美德的种子是从建设带来的快乐体验中滋生的。当孩子恳求你不要毁掉他建造的东西，你就可以很容易地让他懂得他也不应破坏别人建造的东西。通过这样的方式，你就能使他尊重劳动成果，这是私有财产来源中唯一对社会无害的方面。你也给予了孩子获得耐心、毅力和观察力的动机，没有这些品质，他就不可能将积木搭到他向往的高度。跟孩子一起玩建造东西的游戏时，你自己建造的部分只要足够激起他们的雄心，并且能为他们提供示范就可以了，余下的应该交给他们自己努力完成。

如果孩子获准进入花园，很容易就能教给他一种更精巧的建设形式。在花园里的孩子最初有一种将每一朵美丽的花都摘下来的冲动。禁止这样做当然容易制止他，但单纯的禁止是不够充分的教育。我们希望孩子能对花园产生与成人一样的尊重之心，正是这种尊重使成人不会随意采摘。成人有尊重之心，是因为他们知道为了获得令人愉悦的成果需要付出多少劳动和努力。等到孩子 3 岁时，可以鼓励他在花园的一个角落播种。种子发芽长大开花后，他会发现自己培植的鲜花看起来珍贵而美好；那时他就会懂得，妈妈种植的鲜花也必须小心呵护。

要根除轻率造成的残忍，最容易起效的方法是培养孩子对建设和生长的兴趣。几乎每个孩子，一旦到了一定年龄，都有把苍蝇和其他昆虫打死的想法，这会导致对大型动物的杀戮，最终导致对人的杀戮。在普通的英国上流阶层里，杀死飞鸟是值得称道的事情，而在战争中杀人被视为最高贵的职业。这种态度与未经教化的本性一致：这是那种没有掌握任何建设性技能，因而其权力意志无法通过无害方式表现的人所持有的态度。他们会杀死野鸡，也会欺凌佃户；如果时机到了，他们会射杀一头犀牛，或者射杀一名德国人。但在更为有用的技能方面，他们就是完全缺乏的，因为他们的父母和老师认为这已经足够将他们培养成英国绅士了。我不相信他们生来比别的孩子更愚蠢，他们之后人生中的缺陷完全是由糟糕的教育造成的。如果从很小的时候，他们就被引导怀着爱心去观察生命的发展过程，从而感受生命的价值；如果他们习得了各种建设性技能，如果有人能使他们忧虑地领悟到，一项苦心孤诣多年打造的成果可以多么轻易地被毁于一旦——如果所有这些构成他们早年道德教育的一部分，他们就不会那么随意地破坏别人费心创造或爱护的东西。在这个方面，只要本性得到了充分的激发，最能教育成年人的方式就是为人父母。但在富人身上，本性很少能得到充分的激发，因为他们会把孩子交给受雇的专业人士照看。所以，我们不能等到他们做了父母才开始消除他们的破坏性倾向。

每一位曾雇过文盲女佣的作家都知道，要压制她们用作家的手稿去生火的热情是相当难的（公众也许还希望这是不可能的）。哪怕作家的同行——即便是充满嫉妒的仇敌——也不会想要这么做，因为经验使他了解手稿的价值。同样，自己有花园的孩子不会踩踏别人的花圃，自己养宠物的孩子可以学会尊重动物的生命。对人生命的尊重可能会体现在所有费心照料过自己孩子的人身上。正是我们为孩子付出的心血激发了更强烈的父母之爱；而那些逃避这种操劳的人，他们的父母本性多少有些凋零，只剩下了责任感。父母自身的建设性冲动如果已得到了充分发展，他们就更有可能愿意为自己的孩子付出心血。因此，出于这个原因，重视教育的这一方面是非常可取的。

我谈到建设性时，并非只想到物质性的建设。表演和合唱之类的活动需要合作进行非物质性建设。这些活动对许多儿童和青年都有吸引力，应该得到鼓励（虽然不应强迫）。甚至在纯粹智力方面，也可能有建设性或破坏性的区分。古典教育几乎完全是批判性的：孩子学会避免错误，并鄙视犯错的人。这往往会产生一种冷漠的正确，对权威的尊重也由此取代了创造。正确的拉丁文一劳永逸地确立了：就是维吉尔和西塞罗所使用的拉丁文。正确的科学不断变化，有才能的年轻人可以期待自己在这一过程中提供帮助。所以，科学教育所产生的态度，非常可能比研究没有活力的语言所产生的态度更具有建设性。只要避免错误成为教育的首要目标，它往往会培养出理智冷血的人。应该为每一位有能力的青年男女展现这样一个前景：他们可以运用自己的知识去大胆探索。人们过多地将高等教育的作用视为类似于传授良好礼仪的东西，也就是学习一堆否定性的准则以避免失礼。在这样的教育中，建设性被忘却了。或许可以预见，这样培养出来的人喜欢吹毛求疵，缺乏进取心，并且为人小气。以积极的成就作为教育的目的可以避免这一切。

在之后的教育中，应该激发社会方面的建设性。我的意思是，应该鼓励那些有足够才智的人运用他们的想象力，想出更有效的方法，以利用现有的社会力量或创造新的社会力量。人们读柏拉图的《理想国》，但不管何时都不会将其跟当代政治联系起来。当我指出 1920 年的俄国怀着跟《理想国》几乎一样的理想时，很难说会感到更加震惊的是柏拉图主义者还是布尔什维克。人们阅读文学经典，但丝毫不想去探究布朗、琼斯以及鲁滨逊等人的生活到底意味着什么。阅读描写乌托邦的书尤其轻松，因为我们没有在书中看到任何一条能从当前的社会制度通往乌托邦的道路。在这些事情上，宝贵的能力是正确判断下一步该怎么走。英国 19 世纪的自由主义者有这种才能，不过他们设想的措施如果见效，可能会让他们大惊失色。有很多事情取决于占据人们思想的图景，而人们经常无法觉察它如何支配思想。一种社会制度可以通过多种方式进行设想，最常见的是把它看成一个模具、一台机器，或者一棵树。第一种属于静态的社会观，如斯巴达和传统中国社会：他们认为人性应被注入预备好的模具里，铸成预想的形状。任何严格的道德或社会习俗中都或多或少地包含了这种思想。世界观受这种图景主宰的人会有一种特定的政治观——僵化又固执，严厉又有迫害性。将社会看成机器的人更加现代，工业主义者就属于这一类。对他们来说，人性是无趣的，生活目标是简单的——通常是生产的最大化。社会组织存在的目的就是确保这些简单目标得以实现，其困难在于现实中的人们向往的不是这些目标；他们坚持要求各种杂乱无章的东西，这些东西在组织者井然有序的头脑里毫无价值。这会迫使组织者返回到模具型社会，为的是生产出他满意的人。这样做又会转而导致革命的发生。

将社会制度想象成一棵树的人有着不同的政治观。坏机器可以废弃，代之以另一台机器。但如果一棵树被砍掉，要等新树长得同样高大繁茂就需要很长时间。机器或模具由制造者选择；而树有自己的特性，只能使它变得比其他树更好或更坏。适用于有生命事物的建设性和适用于机器的建设性截然不同；有生命的事物很多功能逊于机器，而且需要某种同情。因此，在教育孩子培养建设性时，要让他们有机会通过植物和动物进行练习，而不仅仅是通过积木和机械进行练习。物理学从牛顿时代以来就主宰着我们的思想，工业革命之后又支配了我们的实践，这带来了一种相当机械的社会观。生物进化引发了一系列新观念，但自然选择让它们多少有些相形见绌。我们应该致力于通过优生、节育和教育，使人类事务摆脱自然选择。将社会视为一棵树的观念优于将其视为模具或机器的观念，但也有缺陷。为了弥补缺陷，我们应该将目光转向心理学。心理上的建设性是一种新的特殊的建设性，我们到现在为止还对它知之甚少。它对在教育、政治以及一切纯粹人类事务方面建立一套正确的理论来说至关重要。它也应该主导民众的想象，以避免他们受到错误类比的误导。有些人对人类事务中的建设性感到害怕，因为他们担心它肯定是机械式的，于是他们信奉无政府主义和“回归自然”。在本书中，我会努力用具体的例子说明心理建设如何有别于机器制造。这种观念的创造性，应该在高等教育中使人熟知；如果人们熟悉了如何运用这种观念的创造力，我相信我们的政治将不再僵化、尖刻，不再具有破坏性，而会变得灵活且真正符合科学，将培养杰出人才作为目标。

第七章

自私与财产

我现在要讨论的问题跟恐惧问题很相似，也涉及一种强烈的、部分属于本能的冲动，并且它很大程度上是不可取的。在所有这类情形中，我们应该审慎行事，不要挫伤孩子的本性。对他的本性视而不见，或是希望他的本性不是这个样子，都是徒劳之举。我们必须接受我们被给予的原材料，不要试图以只适用于其他原材料的办法来对待它。

自私（selfishness）不是一个终极的伦理概念，越是深入分析，这个概念就越模糊。但作为托儿所里的一种现象，它是十分明确的，并且提出了一些必须要解决的问题。如果听之任之，大一点的孩子会抢走年幼孩子的玩具，会要求大人给予他更多的关注，而且他总是会为了满足自己的愿望而不顾年幼孩子的失望。人的“自我”跟气体一样，如果不受外力约束，就会一直膨胀。这方面教育的目标是让这种外力在孩子头脑里以习惯、观念和同情等形式体现，而不是以批评、抽打和惩罚的方式体现。孩子需要的观念是公平的观念，而不是自我牺牲的观念。每个人都有权在世界上拥有一定的机会，不应让他们为捍卫自己应得的东西而感到邪恶。当人们进行自我牺牲的教育时，他们的想法似乎是，没有人会完全做到自我牺牲，那么这样自我牺牲的实际结果大致是恰当的。但实际上，人们要么没有接受这一教诲，要么在要求起码的公平时产生罪恶感，要么把自我牺牲做到荒唐极端的地步。在最后一种情形中，他们会对自己为之牺牲的人暗怀憎恨，而且可能让自私又悄悄溜回来，表现为要求对方感恩。无论如何，自我牺牲不可能成为真正的信条，因为它无法普遍适用。而且教人把虚伪作为获取美德手段的做法最不可取，因为一旦伪装被识破，美德也就消失殆尽。相反，公平可以普遍适用。所以，公平（justice）才是我们应该努力要给孩子的思想和习惯上传达的观念。

教育一个独处的孩子懂得公平，即便不是不可能，也是相当困难的。成人的权力和欲望与孩子的天差地别，它们不能勾起孩子哪怕一丁点的想象力；成人几乎不会与孩子直接竞争以获得某种相同的快乐。此外，由于成人处于可以强迫别人服从自己要求的地位，他们必须做自己的法官，所以不会带给孩子不偏不倚的结果。他们当然可以给出明确的指令，反复教导孩子做一些容易做到的事，比如：在母亲清点衣物时不打岔，在父亲忙碌时不喊叫，有客人来访时不拿自己的问题去打扰。但这些确实都是难以解释的要求；如果平时得到的都是善待，他们基本上会情愿服从，但这种做法并没有掺杂他们对合情合理之事的认识。不错，应该要求孩子遵守这样的规矩，因为绝不能容许他成为暴君，也因为他必须懂得别人有他们自己看重的事情，不管这些事情有多古怪。但这些办法产生的结果无非是外在的得体行为；只有在其他孩子在场的情况下公平教育才能开展，这也是孩子不宜长期独处的诸多原因之一。不幸只有一个孩子的父母应该尽力为他找到伙伴，在别无他法的情况下，哪怕是要付出经常让孩子与家庭分离的代价。独处的孩子必定压抑或者自私——也许两种情形轮流出现。举止得体的独生子女是可怜的，而行为不端的独生子女令人头疼。在现在这个小家庭时代，这一问题比过去更为严峻。这是提倡开办托儿所的众多理由之一，在后面的章节中我会对此做更多讨论。不过，这里我假定一个家庭至少有两个孩子，他们年纪相差不大，因此兴趣也大致相同。

有些乐趣只能一次由一个人享受，比如推独轮手推车。在为了获得这种乐趣而出现竞争的场合中，我们可以发现，孩子们很容易理解公平。他们的冲动当然是要求独享这份快乐而排斥他人，但是当大人定下大家轮流玩的规则时，这种冲动就得到了克制，速度之快令人惊讶。我不相信公平感是天生的，但我常惊讶地看到它可以如此迅速地产生。当然，这必须是真正的公平，绝不能暗中有任何偏袒。如果你偏爱某些孩子，你必须加以提防，不能让你的偏爱影响到你对乐趣的分配。玩具分配必须平等的原则无疑已得到普遍认可。

企图用任何道德教义来压制对公平的需求是毫无用处的。不要给孩子份额以外的东西，但也别指望孩子会接受比份额更少的东西。《费尔柴尔德家族》有一章谈到“内心隐秘的罪恶”，其中描述的做法是必须避免的。露西一直坚称她做得很好，于是她母亲告诉她，即使她的行为都正确，她的思想仍然是错误的，并引用了《圣经》：“人心比万物都诡诈，坏到极处”（《耶利米书》17–9）。费尔柴尔德夫人给了露西一个小本子，让她记下自己表面良好时内心存在的那些“坏到极处”的东西。吃早餐时，露西父母给了她妹妹一根丝带，给了她弟弟一颗樱桃，但什么也没给她。她在本子中记录，那时她产生了邪恶的想法，就是父母更爱弟弟和妹妹。她所接受并且也相信的教诲是，她应该通过道德约束来对抗这种想法；但用这种方法只会迫使这个想法潜藏起来，在以后的岁月里产生奇怪扭曲的后果。恰当的做法应该是，她表达出自己的感受，而她的父母为了打消她的想法，要么也送她一件礼物，要么以她能领会的方式解释说她得等到下一次，因为现在没有更多的礼物了。真诚和坦率能够消除困难，而试图以道德约束进行压制只会加剧困难。

与公正密切相关的是财产意识（the sense of property）。这是个有难度的问题，必须用灵活的策略处理，而不能用任何僵化的规则解决。实际上，对这个问题存在着相互冲突的考虑，使人难以有清晰的立场。一方面，对财产的喜爱会在以后产生许多可怕的恶果，对失去有价值的物质财富的恐惧是政治和经济暴行的主要根源之一。理想的做法是，人们应尽可能地通过不涉及私有权的方式来寻找幸福，换言之，就是从事创造性而不是防守性的活动。因此，要对孩子有所帮助，培养孩子的财产意识是不明智的。但是在遵从这种观点之前，还要考虑另一方面的有力论点，忽视这些讨论是危险的。首先，儿童具有非常强烈的财产意识，这种意识从他们能抓取所看到的物体（手眼协调）开始就产生了。不管抓到什么，他们都觉得是自己的，如果被拿走就会生气。我们今天仍然称财产为“持有物”（holding），而“生活费用”（maintenance）的意思就是“拿在手里”（holding in the hand）。这些词汇表明了财产跟抓取之间的原始联系。“贪婪”（grasping）一词也是这样。没有自己玩具的孩子会捡树枝、破砖块或者各种他能找到的小零碎，把它们当作自己的财宝。对财产的欲望如此根深蒂固，压制它不可能不带来危险。此外，财产能培养细心的习惯，抑制破坏的冲动。这在孩子对自制东西的财产意识方面显得尤为有益；如果不允许有这种意识，那么他的建设性冲动也会受到阻碍。

凡是存在观点激烈冲突的问题，我们都无法采取任何明确的策略，而必须很大程度上根据环境和孩子的本性来指引。尽管如此，我们还是可以讨论一下如何在实践中调和这些矛盾的方法。

就玩具而言，有些应该私有，有些应该公用。举个极端的例子，摇摇马当然总是公用的。这揭示了一个原则：当一件玩具能为所有孩子平等享用，但每次只能一人使用，如果它太大或太贵而不能多置，就应当是公用的。另一方面，有些玩具更适合某个孩子而不是其他孩子（例如因为年龄差异），那么让从中获得最大乐趣的孩子拥有这个玩具可能就是合适的。如果某件玩具需要小心操作，而年龄大的孩子已经学会操作方法，那么不让年幼的孩子占有和损坏这件玩具是公平的。作为补偿，年幼的孩子应该得到只适合其年龄的玩具，成为他的私有财产。2岁之后，如果孩子由于自己的粗心而损坏了一件玩具，不应立即进行更换，让他在一段时期内感受到失落是公平的，也是有好处的。不要让孩子总是拒绝别的孩子玩他的玩具。当玩具多到他实际上玩不过来时，如果别的孩子玩他当时没玩的玩具，就应该不容许他反对。但这里我要提出一些例外，就是那些容易被其他孩子损坏的玩具，以及玩具的主人精心建造出某种他引以为傲的建筑之类的玩具。在这个建筑被孩子忘却之前，如果可能，就该让它保持不变，以作为对他勤奋的奖赏。除了这些，不要让孩子养成狗占马槽般的蛮横态度，绝不能允许其随意阻挠别的孩子玩乐。在这些方面，教会孩子一些得体的行为并不是那么难，而且必要的严厉也是完全值得的。不要允许孩子抢夺其他孩子的东西，哪怕是他有合法的权力这样做。如果年长的孩子对年幼的孩子不友好，那就对他表现出同样的不友好，并立即解释你为何这么做。通过这样的办法，不难使孩子之间建立起相互友好的态度，这种态度对防止经常性的争吵和哭闹是必要的。偶尔，可能有必要采取一定程度的严厉措施，它等同于一种轻微的惩罚。但无论如何不能允许孩子养成欺压弱者的习惯。

允许孩子拥有一些珍爱的东西的同时，最好鼓励孩子养成玩积木之类玩具的习惯，孩子只有玩的时候才对它们拥有专属权。蒙台梭利教具是所有孩子公用的，但只要有孩子正在使用，其他孩子就不允许打扰。这样做会培养出一种有限的“租赁权利”（tenant-right）意识，这种权利依工作不同而不同；这种意识不会与任何他们将来可取的品质相抵触。对很小的孩子来说，这种方法难以适用，因为他们尚不具备足够的建设性。但随着他们掌握技能，就越来越可能对建造的过程感兴趣。只要他们知道自己可以随时使用建筑材料，就不太会介意别人也使用。他们在开始时可能不太愿意分享，但这种感觉很快会被习惯消除。不过，我认为当孩子足够大的时候，应该允许他有自己的藏书，因为可以增加他对书籍的喜爱，并以此促进阅读。作为他个人财产的书籍应该尽可能是好书，诸如刘易斯·卡罗尔（Lewis Carroll）的书和《霍桑的丛林别墅神话》（*Tanglewood Tales*），而不是拙劣作品。如果孩子要一些没有品位的书，那它们应该作为公共财产。

本章涉及的总体原则有：首先，不要让孩子因没有足够的财产而产生一种挫败感，这种意识会产生守财奴。其次，当私有财产能促进有益的活动，而且尤其能教人学会仔细处理事情时，可以允许孩子拥有私有财产。但在遵守这些限制的前提下，尽可能地将孩子的注意力转向不涉及私有财产的乐趣中。即使有了私有财产，当别的孩子想要获准玩他的玩具时，也不能允许他态度恶劣或吝啬小气。不过在这点上，目标应该是引导孩子自愿借给别人；如果需要强迫，就没有达成目标。对于幸福的孩子来说，要激发慷慨的性情应该不难；但如果孩子极度缺乏快乐，他当然会紧紧抓住能得到快乐的东西。孩子学会美德不是通过经历苦难，而是通过体验快乐和健康。

第八章

诚 实

培养诚实（truthfulness）的习惯应当是道德教育的主要目标之一。我所说的不仅是言语上的诚实，也是思想上的诚实。在我看来，两者之中的后者更为重要。相比先是下意识地欺骗自己，然后臆想自己良善和诚实的人，我觉得明知自己在说谎的人还好一些。事实上，每一个思想诚实的人都不会相信说谎总是错的。那些坚称说谎永远错误的人，不得不大量借助诡辩和充满误导性实践或含糊不清的说法来自圆其说，他们以此欺骗别人而不用承认自己在说谎。尽管如此，我认为撒谎合理的场合很少——远少于从高贵人士的言行举止中推断出的数量。而且，几乎所有可以使撒谎合理化的场合，都是权力被残暴使用的场景，或者人们被卷入战争之类有害活动之中；因此，在良好的社会制度中，它们会比现在要罕见得多。

在现实中，不诚实几乎总是恐惧的产物。没有遭受恐惧而长大的孩子言行诚实，这并不是靠道德上的修养，而是因为他从来就没想过要不诚实。得到明智和友善对待的孩子，眼睛里充满坦诚，即使与陌生人在一起也不会缩手缩脚；受到无休止的挑剔和严斥的孩子，则总是害怕遭到责骂，在以自然的方式行事时，他都担心违反了某条规矩。年幼的孩子最初并不会有可以撒谎的想法。意识到可以撒谎是一种发现，这种发现来自对成年人的观察，并受恐惧的驱使而加速。孩子发现大人对他说谎，而且告诉大人真相是危险的，在这些情况下，他就开始说谎了。避免产生这些诱因，他就不会想到要说谎。

但在判断孩子是否诚实时，有必要保持审慎。儿童的记忆力是有缺陷的，并且他们往往不知道某个问题的答案，而大人却以为他们知道。他们对时间的感觉非常模糊，4 岁以下的儿童很难分清昨天和一周以前有什么差别，或者昨天和 6 小时之前有什么差别。当他们不知道某个问题的答案时，往往倾向于根据你语调中的暗示来回答是或否。还有，他们经常以虚构角色的方式去说话。当他们一本正经地告诉你后院有头狮子时，很明显他们是在演戏；但在许多情形中，很容易对表演假扮信以为真。由于所有这些原因，幼儿的说法经常在客观上是不真实的，但他们没有丝毫欺骗的意图。实际上，儿童最初往往以为大人无所不知，因此不可能受骗。我儿子（3 岁 9 个月）会让我告诉他（为了获得听故事的乐趣），当我不在家时，他碰到了哪些趣事，我发现几乎不可能使他相信我不知道发生了什么。成年人知道这么多东西，孩子却不懂他们是怎么知道的，因此认为成年人能力无边。去年复活节，我儿子收到了很多巧克力做的复活节彩蛋。我们告诉他，要是吃太多巧克力，他就会生病，但说完之后就没再管他。结果，他真的因为吃得太多而生病了。病刚好，他就满脸喜气地找我，用近乎胜利的口气说："我真的病了，爸爸！爸爸说过我肯定会生病。"证实一项科学规律给他带来的喜悦令人惊讶。从此以后，巧克力就可以放心地交给他保管了，尽管事实上他很少有巧克力；而且，他对我们告诉他哪种食物对他有好处的说法深信不疑。在带来这种结果的过程中，不需要道德上的说教、惩罚或恐吓。在孩子更年幼的时候，我们需要的是耐心和坚定。我儿子快到了男孩常偷吃甜食却不肯承认的年龄。我敢说，他有时会偷吃，但如果他撒谎说没偷，我会很意外。当孩子确实说了谎，父母应该责备的是自己而不是孩子；解决问题的方法应该是铲除它的根源，并通过温和而理智的方式解释为什么最好不要说谎。他们的问题不应该通过惩罚来应对，这样做只会增强恐惧感，从而增强说谎的动机。

当然，要不让孩子学会说谎，大人对孩子保持严格的诚实是必不可少的。有的大人教育孩子“说谎是一种罪过”，但又让孩子知道他们也说谎，这样的父母自然会失去所有的威望。对孩子说真话是一个全新的观念，在这一代人之前几乎没人这样做过。我非常怀疑夏娃是否对该隐和亚伯讲过关于吃禁果的实情；我相信她跟他们说，她从未吃过任何对她不好的东西。过去父母常常表现得跟奥林匹斯山众神一样，不受人类情感的影响，总是受纯粹理性的驱使。他们批评孩子时更多地表现出惋惜而不是愤怒，不管他们怎么责备孩子，他们都不是在“发脾气”，而是为了孩子好而与他们交谈。他们并未意识到孩子惊人的敏锐观察力：他们虽然不理解各种为骗人而编造的严肃的政治理由，却会直截了当地对它们嗤之以鼻。你自己都没意识到的羡慕和嫉妒之心，在你的孩子看来再明显不过；因此，当你谈论这些被羡慕和嫉妒的人身上的邪恶时，你为此发表种种道德高论，在孩子的眼中全部大打折扣。永远不要装作完美无瑕和超凡脱俗，孩子不会相信你，即使相信也不会因此而更加喜欢你。我清楚地记得，在我很小的时候就看穿了周围随处可见的维多利亚时代的骗人把戏和虚伪，并发誓倘若自己有孩子的话，我不会重复别人在我身上所犯的错误。现在我正竭尽所能地坚持这一誓言。

说谎的另一种形式是用惩罚进行威胁，但并不打算真正兑现，这种做法对孩子来说极其糟糕。巴拉德博士（Dr. Ballard）在他最有趣的《变革中的学校》（*The Changing School*）[1]一书中强调了这一原则："不要威胁。如果你发出了威胁，就要不顾一切地兑现你的威胁。如果你对儿子说'你再那样干，我就杀了你'，结果他又那样干了，那么你必须杀了他。如果你不做，他会完全失去对你的尊重。"（第 112 页）保姆和无知父母对待婴儿时虽然不会发出那么极端的威胁，但同样的原则也是适用的。除非有好的理由，不要坚持说要实施某种惩罚；但一旦你这样做了，就要一以贯之，尽管你可能会后悔挑起了战争。如果你以某种惩罚相威胁，就要选择你打算付诸实施的惩罚，不要侥幸以为自己的虚张声势不会被揭穿。要让没文化的人理解这一原则为何这么难，这一点很奇怪。尤其令人反感的是，他们会以令人恐惧的事情相威胁，

1　霍德与斯托顿出版社，1925 年版。

比如被警察监禁，或者被怪物带走等。这种做法会先引起一种危险的精神恐惧，继而导致对大人的所有说法和威胁完全持怀疑态度。如果你从未坚称要惩罚而不兑现，孩子很快就会知道，在这样的情况下反抗是无用的，那么他就会言听计从而不会再添麻烦。但这种方法能够奏效的重要一点是：除非确实有充分的理由，否则不要坚称要实施某种惩罚。

另一种不可取的伎俩是，将无生命的物体当作活物来对待。当孩子撞到椅子或桌子受伤时，保姆有时候会教孩子去打那个惹事的物体，并说着“淘气的椅子”或者“淘气的桌子”。这就消除了最有用的自然约束力的来源。如果让孩子自行处理，他很快就会明白，无生命的物体只能通过技巧来操纵，而不是愤怒或讨好。这既对获得技巧是一个促进因素，也有助于孩子意识到个人能力的局限性。

在关于性的问题上说谎由来已久，也因而得到认可。我相信这是完全且彻底错误的，不过我这里不再赘述，后面打算用专门的一章来讨论性教育。

无拘无束长大的孩子会提出数不清的问题，有些问题很聪明，有些则正好相反。这些问题常常令人厌倦，有时候还难以回答。但你必须尽最大的努力如实回答。如果孩子问你一个与宗教相关的问题，如实说出你的想法，哪怕你的想法跟其他成年人有矛盾。如果他问你关于死亡的问题，回答他。如果他问你那些意在证明你邪恶或者愚蠢的问题，回答他。如果他问你关于战争或死刑的问题，回答他。不要以“你还不懂”这样的话来敷衍他，除非是遇到科学方面的难题，如电灯是怎样制造的。而且即使在那种情况下，也要让他明白，只要他学会比现在多得多的知识，就会发现问题的答案是为他保管好等待他发掘的惊喜。告诉孩子的东西要远多于他所能理解的，而非更少；他未能理解的那部分内容可以激发他的好奇心和求知的雄心壮志。

对孩子保持始终如一的诚实，作为回报，孩子会对你有更强的信任感。孩子有一种天然的倾向去相信你说的话，除非你说的可能跟他某个强烈的愿望相抵触，就像我刚才提到的复活节彩蛋的故事。即使在这些事例中，让孩子对你话语的真实性有些许的体验，将使你能够轻易赢得他的信任而不必特意强调。但若是你习惯于用没有真实发生的后果去恐吓，那么你的恐吓就不得不越来越频繁而且更吓人，最终只会导致孩子陷入紧张的不确定状态。一天，我儿子想要到一条小溪里蹚水玩，但我让他别去，因为我觉得里面有破陶瓷的碎片，那会割伤他的脚。他的愿望非常热切，因此对有陶瓷碎片的话将信将疑；但在我找到一块碎片，并给他看了碎片锋利的边缘后，他就完全听从了我的话。如果我为了自己的方便而编造出有陶瓷碎片的话，我就会失去他的信任。如果我找不到任何碎片，就应该让他去蹚水。由于有了多次这样的经历，他几乎完全不再怀疑我所说的理由了。

我们生活的世界充满各种骗人的把戏，没有受过欺骗的孩子长大之后，肯定会蔑视许多通常被认为值得尊重的东西。这是令人遗憾的，因为轻蔑是一种不好的情感。我不应该让孩子去关注这类事情，不过当他对它们产生兴趣时，我应该满足他的好奇心。在一个虚伪的社会，诚实会有些妨碍，缺乏无畏精神的话，无人能做到诚实。我们希望自己的孩子正直、公正、坦诚，有自尊心；对我来说，我宁愿看到他们因为拥有这些品质而失败，也不愿看到他们因工于卑躬屈膝而成功。天生的自尊和忠诚正直对于成为杰出的人至关重要。有了这种品质，就不可能说谎，除非是出于某种慷慨的动机。我要将孩子们培养成思想和言语都诚实的人，哪怕这会招致世俗生活的不幸，因为这关系到比财富和荣誉更为重要的品质。

第九章

惩 罚

过去，惩罚孩子（不管是男孩还是女孩）一直被视为理所当然的事，并且被普遍地视为教育中不可或缺的因素。这种状况一直持续到最近。在之前的章节中我们已经看到阿诺德博士是如何看待鞭笞的，而他的观点在当时算是极为人道的。提到卢梭，人们会联想到他“顺其自然”的理论，但在《爱弥儿》中，他有时也提倡采取非常严厉的惩罚。当时——也就是一百年前——的常见概念在《警世故事》（*Cautionary Tales*）中的一个故事里得到了阐释。在这个故事中，一个小女孩想要粉色的饰带，但别人硬给她系上白色饰带，她因此大吵大闹。

爸爸在客厅听到卡罗琳吵闹捣乱，
立刻来到卡罗琳跟前，
不问青红皂白，
就用鞭子抽她。

当费尔柴尔德先生看到他的孩子们争吵时，则会用藤条抽打他们，同时念着《让狗欢欣地狂吠撕咬》（*Let dogs delight to bark and bite*）的押韵诗节来保持节奏。接着他带他们去看用锁链悬挂在绞刑架上的尸首。锁链被风吹得咔哒咔哒响，年幼的儿子吓坏了，央求费先生带他回家。但费尔柴尔德先生强迫他看了很久，并说，这种景象所展示的就是心怀仇恨的人的下场。这孩子已然注定要成为一名牧师，因此，想必要让他学会描述遭受天谴之人的悲惨下场，就得让他有亲身经历以留下鲜明的印象。

如今很少有人会支持这样的方法，即便是在美国的田纳西州。但用什么方法来取代，却存在着相当大的分歧。有些人仍然提倡适度的惩罚，另外一些人则认为可以彻底摒弃惩罚。在这两个极端之间，还有许多不同意见。

在我看来，惩罚在教育中占据非常次要的地位，但我怀疑惩罚是否总是需要严厉。我把尖锐或挑剔的批评也纳入惩罚之列。不管什么时候，如果有必要惩罚，最严厉的惩罚应是让愤怒自然而然地表达出来。有几次，当我儿子粗鲁地对待他妹妹时，他母亲以高声惊叫表达自己的愤怒。这种做法效果显著。他突然抽泣起来，劝都劝不住，直到母亲费了好大劲安慰他一阵，他才释怀。他对母亲的反应产生了深刻印象，这从他之后善待妹妹的行为中就能看出来。又有几次，他坚持要我们不同意给他的东西，或妨碍妹妹玩耍，我们对他进行了温和的惩罚。在说理和教导都无用的情况下，我们将他带到一个房间，让他独自待在里面。我们把门开着，并告诉他，等他什么时候好了就可以出来。大哭之后，他短短几分钟就出来了，而且每次都表现良好：他完全懂得，出来了就得做个好孩子。我们至今都未碰到过需要更严厉惩罚的场合。如果依据旧式教育者写的书来判断，用老办法教育出来的孩子比现代的孩子要淘气得多。哪怕我儿子像《费尔柴尔德家族》里的孩子的一半那样行为不端，我都肯定会感到震惊；但我会认为责任不在孩子，而更多地在于父母。我相信，通情达理的父母培养出的孩子也是通情达理的。一定要让孩子感受到父母对他们的慈爱，而不只是感受到父母对他们的责任和义务——没有孩子会对此心存感激。这种慈爱是暖心的爱，即看到孩子在身边，看到他们的一举一动就真心欣喜。

对孩子的禁令，必须谨慎且真实地解释，除非解释是不可能的。一些小的意外，如轻微的擦伤和割伤，有时候应该允许出现，不要为此就去干涉孩子冒失的游戏；有一些这方面的经验，会使孩子更加愿意相信禁令可能是有道理的。如果从一开始情况就是这样，我相信孩子很少会做出那些应该接受严厉惩罚的事。

当一个孩子总是妨碍其他孩子，或是败他们的兴，驱逐是显然的惩罚。采取某种措施是绝对有必要的，因为让其他孩子遭受痛苦非常不公平。但是让顽皮的孩子感到内疚是没有用的，让他感到自己失去了别人所享受的快乐，则更容易达到目的。蒙台梭利女士是这样描述她的做法的：

> 说到惩罚，我们碰到过很多次干扰其他孩子，并且毫不在意我们的纠正的孩子。对于这样的孩子，我们会立刻请医生进行检查。如果诊断表明这是一个正常的孩子，我们就会在教室的角落摆一张小桌子，用这种方式将这个孩子跟其他孩子分开；我们让他坐在舒适的小扶手椅上，坐的位置可以让他看到伙伴们的活动，同时给他那些最吸引他的游戏用具和玩具。这种分隔几乎总是能让这个孩子成功冷静下来。他从自己的位置上可以看

> 到同伴们所组成的整个集体，而他们的活动方式就是实例教学（object lesson），这比教师的任何话语都要更管用。渐渐地，他会看到成为眼前忙活同伴中的一员的好处，从而真心渴望回来跟其他人一样活动。通过这种办法，我们让过去往往违背纪律的孩子全部变得遵守纪律。被分隔开的孩子总是成为特殊照顾的对象，简直就跟他生病了一样。就我自己来说，进入教室后的第一件事就是径直走到他那里，就好像他是一个小婴儿。然后我把注意力转向其他孩子，对他们的活动报以兴趣，提一些相关的问题，仿佛他们已然是小大人了。我不知道这些在我们看来必须进行管束的孩子的心灵中到底发生了什么，但我确实看到他们发生了非常彻底而持久的改变。他们学会了如何工作和如何表达自己，这让他们深感自豪，并总是对教师和我表现出温柔的喜爱。[1]

这种方法的成功取决于老式学校所不具备的几个因素。首先要排除那些孩子的不当行为是由健康问题引起的；其次要讲究使用这种方法的策略和技巧。但真正重要的是班里大多

---

1 《蒙台梭利早期教育法》，海尼曼，1912 年版，第 103 页。

数儿童的良好表现：孩子会感到自己违背了他自然会尊重的公共舆论。当然，如果某个教师的班里尽是“捣蛋鬼”，那么情况就是截然不同的。我不打算讨论碰到这样的情况教师应该采取什么方法，因为如果从一开始就教育得法，就永远不会需要这些方法。只要内容适合、教导得法，孩子就会喜欢学习。在传授知识方面会犯的错误，与在孩子更早时在饮食和睡眠方面所犯的错误是同样的：孩子做某件事情明明是对他有益的，却被弄得好像是在帮大人的忙。幼儿很容易认为吃饭和睡觉的唯一理由就是大人希望他这样做，这导致他们消化不良并受失眠困扰。[2] 除非孩子病了，否则他不肯吃饭，就让他饿着吧。我儿子曾经总是被保姆哄着吃饭，结果变得越来越难对付。有一天，我们让他吃餐间甜点，他拒绝吃布丁，我们就把布丁拿走了。过了一会儿，他让我们把布丁拿回来，但布丁已经被厨师吃了。他目瞪口呆，以后再也不对我们这样装模作样了。相同的方法也应该适用于教学。那些不愿学习的孩子应该由他们去，不过要确保使他们感到旷课是无聊的。如果他们看到其他人在学习，马上会吵着要老师教他们；于是老师就可以表现得像是在给他一种福利，当然事实也确

2　见 H.C. 喀麦隆博士《神经紧张的孩子》第四章和第五章。

实如此。按照我的想法，每个学校都应该有一间宽敞空旷的教室，如果学生不想学习，他们可以到那里去；不过，一旦他们去了那个教室，当天我应该不会允许他们再回去上课。如果学生在课堂上举止糟糕，也可以将他们送到那间教室作为惩罚。这似乎是一个简单的原则：惩罚的内容应该是你希望犯错的人厌恶的东西，而不是你希望他喜欢的东西。但“罚抄”被当作一种常用的惩罚，因为它宣称是为了使受罚的学生对古典文学产生喜爱。

轻度的惩罚用来处理轻微的过失是有其成效的，尤其是礼仪方面的过失。赞扬和责备对幼儿来说是一种重要的奖励和惩罚形式。而对较大的孩子来说，如果赞扬和责备出自他所敬重的人，也是同样重要的奖罚形式。倘若缺少赞扬和责备，我不相信教育还有实施的可能，但这两方面都需要保持一定程度的谨慎。第一，赞扬和责备都不能采取对比的方式。不应该告知孩子说他比某个孩子做得好，或者说某个孩子从不淘气：前者会产生轻蔑，后者会产生仇恨。第二，对孩子的责备应该远远少于对孩子的赞扬；它应该是一种明确的惩罚，以应对某些意外的行为失当，而且不应该在责备产生效果之后继续责备。第三，凡是孩子理所应当做的事，都不应该给予赞扬。而在勇气或技能方面取得新的进步，以及跟他人分享自己东西的无私行为方面——如果这种行为是在道德上有所努力之后做到的——我认为应该给予赞扬。在整个教育过程中，任何不寻常的工作都应该得到赞扬。因克服困难获得成就而受到表扬是青少年时期最令人快乐的体验之一，对这种快乐的渴望作为一种额外的激励是相当合适的，尽管它不应成为主要的动机。最主要的动机应该始终是对事物本身的兴趣，无论事物是什么。

诸如残忍这类性格上的严重缺陷，很少能通过惩罚来克服。或者更确切地说，惩罚在这类问题的处理上应该只占很小的一部分。残忍地对待动物或多或少是男孩子的天性，如果要防止，就需要专门的教育。等你发现你的孩子虐待动物时才来防止，然后就打骂孩子，这是非常糟糕的做法。这只会使他希望自己的做法不被你发现。你应该注意那些日后可能会发展成残忍行为的苗头。教导孩子尊重生命，不要让他看到你杀死动物，即便是马蜂和蛇。如果无法不让他们看到，你就得非常认真地解释在这一特殊情况下这么做的原因。如果他对更小的孩子做出不太友善的举动，立刻以同样的举动对待他。他会表示抗议，你就可以跟他说明如果他不希望别人这样对待他，那么他就不要如此对待别人。这样，就能以生动的方式引导他体会到别人也有和他一样的感受。

这种方法的关键显然是应该尽早开始，并用于应对轻微的不友善行为。唯有在孩子对他人造成的伤害非常小的情况下，你才能以同样的方式来回应孩子。采取这一方法时，不要让它显得你是在惩罚，而是在教育："看，这就是你对妹妹做的事。"如果孩子抗议，你就说："好吧，如果这令人不快，你就不准对她这样做。"只要整件事情是简单的而且处理迅速，孩子就将会理解，并将学会必须考虑他人的感受。在这种情况下，孩子绝不会发展出严重的残忍行为。

所有道德教育都必须是即时的和具体的：它必须起因于自然而然形成的情形，而且绝不能超出只针对这一特定情形而做的事。孩子自己会将这一原则运用到其他类似的场合中。明白一个具体的事例后，对类似事例做类似的考虑，比先掌握一条普遍性的原则再针对具体情形进行演绎，要容易得多。不要笼统地说"要勇敢，要善良"，而是要敦促他去做一件勇敢的事，然后说："好样的，你真是个勇敢的孩子。"要让他拿自己的机械玩具给妹妹玩，当他看到妹妹乐得笑起来时，对他说："是的，你是个善良的孩子。"同样的原则也适用于应对残忍的行为：留心最初依稀显现的苗头，并阻止它的生长。

如果，纵使你尽了全力，孩子在后来的某个阶段仍然出现了严重的残忍行为，那就必须非常严肃地对待这一问题，并像对待孩子生病一样来处理。这样的孩子应该受到惩罚，让他感到不愉快的事将会发生在他身上，正如他患麻疹时那样，但不是为了让他感到罪恶。他应该暂时与其他孩子和动物分隔开，并向他解释，让他和他们在一起是不安全的。应该尽可能使他意识到，假如他遭受了残忍的对待会有多么痛苦。应该让他感到，一种巨大的灾祸降临到了他头上，其表现形式就是导致他做出残忍行为的冲动，而大人正在努力保护他，使他将来免于类似的灾祸。我相信除了少数病态的事例之外，使用这些方法肯定能够彻底成功。

我认为体罚从来都是不对的。轻微的体罚不会造成什么伤害，但也没有什么益处；我相信严厉的体罚形式会产生残忍和野蛮的行为。的确，孩子往往没有对施加体罚的人产生怨恨；如果惯用体罚，孩子还会自行适应，并觉得这是自然的事。但这会让他习惯性地认为：为了维护权威，施加肉体上的痛苦是正确而恰当的。对于那些可能获得权力地位的人来说，这是一个特别危险的教训。体罚还会破坏父母与孩子之间以及老师和学生之间应有的公开信任。现代的家长希望他的孩子不管他在场与否，都能够无拘无束。他希望孩子看到自己时能感到高兴；他不希望当他在一旁盯着时，孩子们装得像在过安息日一样安静，而他一转身就乱作一团。赢得孩子们由衷的喜爱是人生一大乐趣，足以与人生中的其他任何快乐相媲美。我们的祖辈不知道有这种快乐，因此不知道自己错过了它。他们教育孩子，爱父母是孩子的“责任”，而又使得这种职责几乎无法履行。就如本章开头所引的诗中提到的卡罗琳，当她父亲来到她跟前“不问青红皂白就用鞭抽她”，她不可能高兴得起来。只要人们一直相信爱可以作为一种职责来要求别人，他们就不会设法去赢得出于真情实感的爱。因此，人类之间的关系仍然保持着令人生厌的、苛刻而残忍的状态。惩罚是这整个观念的一部分。令人奇怪的是，那些连做梦都想不到要对女人动手的男人，竟能对没有丝毫自卫能力的孩子施以肉体上的折磨。值得欣喜的是，近一百年来，更合理的亲子关系观念已经慢慢深入人心，并且关于惩罚的全部理论也随之得到改变。我希望，这些在教育领域开始流行的具有启发性的观念，也可以逐渐扩展到其他的人际关系中，因为处理那些关系跟对待自己的孩子一样，这类观念都必不可少。

第十章

同伴的重要性

至此，我们一直在讨论父母和教师自己能做些什么，以在孩子身上培养出正确的品性。但是如果缺乏其他孩子的帮助，有许多事情是不可能完成的。随着孩子年龄的增长，这一点显得尤其正确；实际上，在大学阶段，同龄人比任何时候都重要。婴儿出生头一年中的前几个月，其他的儿童完全无关紧要，到这一年的最后 3 个月才有些许益处。在这个时期，有帮助作用的是年龄稍大的孩子。家中的第一个孩子在学习走路和说话方面，通常都比后来出生的孩子要慢，因为成年人这些技能太完善，幼儿难以模仿。对于 1 岁幼儿来说，3 岁的儿童是比大人更好的模仿对象，这既是因为他做的事与大人比起来，是 1 岁孩子更希望做的；也因为他的能力看起来没有那么超凡。孩子觉得，其他孩子比大人更接近自己，因此他们的进取心更易受到其他孩子行为的激发。只有家庭才能提供这种年长孩子给予年幼孩子早期教育的机会。大多数可以选择玩伴的孩子，都愿意与比自己稍微大一点的孩子玩，因为这让他们感到“显要”（grand）；但是这些稍大的孩子希望与更大的孩子玩，依此类推。结果是，在学校里，或在贫民区的街道上，或在其他任何可以选择玩伴的地方，孩子几乎都是跟同龄人一起玩耍，因为年长的孩子不会跟年幼的孩子玩。如此一来，那些要从年长的孩子那学习的东西，就必须在家里学习了。这个方法有一个缺点，每个家庭必定会有一个最年长的孩子，他们就无法从中获益。而随着家庭变得更小，长子长女的数量占比越来越高，这个缺点会越来越严重。小家庭在某些方面对于孩子的成长是不利的，除非通过幼儿园来弥补这个劣势。不过，幼儿园将是之后一个章节的讨论主题。

在早期教育中，年长孩子、年幼孩子和同龄孩子都有其帮助，但由于刚提到过的原因，年长孩子和年幼孩子的作用主要限于家庭内部。年长孩子最大的作用是提供可以企及的志向。为了让更大的孩子认可他加入游戏，孩子会付出巨大的努力。年长的孩子举止随意自然，没有成年人与孩子游戏时必有的那种考虑和假装。成年人如果缺乏这种考虑，游戏就会变成痛苦的事情，一是因为成年人有力量和权威，二是因为他们参与游戏是为了让孩子高兴，而不是让自己高兴。孩子对哥哥姐姐的话会欣然从命，却不可能同样心甘情愿地服从大人，除非受到过分的约束。以从属身份与人合作，获得这种经验的最佳方式是向其他孩子学习。如果成年人试图教会孩子这一点，他们将面临两种彼此冲突的危险，即冷酷和虚伪——如果他们苛求真正的合作，就会显得冷酷；如果满足于表面的合作，就会显得虚伪。我并不是说要始终避免真正的合作或表面的合作，而是说，这样的合作缺乏大孩子与小孩子的合作中表现出来的自发性。因此，大人与孩子不可能连续几个小时合作而且最后都感到愉快。

在整个青少年时期，年龄稍长的孩子能在教育上持续发挥一种特殊的作用——不是指正式的教育，而是课外教育。年龄稍大的孩子仍然一直是激发进取心非常有效的刺激因素，而且如果他们态度友善，可以比成年人更好地解释难题，因为他们会回想自己不久前是如何攻克难关的。甚至在大学时代，我也从比我大几岁的同学那里学到很多东西，而这些是无法从令人敬畏的先生那里学到的。我相信，只要大学的社会生活不是根据“年级”过分严格地划分，这样的经历就很普遍。当然，如果年长的学生觉得与年龄小的学生有任何来往都会有失体面，就不可能有这种经历。这种情况也很寻常。

年幼的孩子也有作用，尤其是在 3 岁到 6 岁的时候，其作用主要与道德教育相关。只要孩子和成年人在一起，他就没有机会实践许多重要的美德，具体来说就是强者对待弱者所需要的那些美德。必须教育孩子不要强行从弟弟或妹妹手里抢东西；当弟弟或妹妹不小心把他搭起的积木塔碰倒时，不要过分恼怒；当别人想玩他没在用的玩具时，不要把它们藏匿起来。必须让他懂得，弟弟或妹妹很容易因为他们粗鲁的动作而受伤；如果他随意把他们弄哭，就要想办法让他感到内疚。在保护年龄较小的孩子时，父母可以出其不意地高声呵斥较大的孩子。这种做法在平时是不合理的，但是在这种情况下却有其作用，出乎意料的呵斥会让孩子产生深刻的印象。所有这些都是有用的教训，几乎不可能用其他方式自然地教授给孩子。对孩子进行抽象的道德教育是一种愚蠢的做法，只会浪费时间；所有的教诲都必须是具体的，并且要出于当时实际情况的需要。许多事情从成年人的角度来看是道德教育，但孩子感觉它们就跟介绍如何使用锯子一样。孩子觉得，大人是在向他示范如何做某件事。这就是榜样如此重要的一个原因。孩子看过木匠干活，就会尝试模仿他们的动作；看到自己父母总是举止和善而体贴，他们就会在这方面努力模仿。在所有的情形中，威信都与孩子想要模仿的东西联系在一起。如果你郑重其事地教孩子如何使用锯子，自己却老是拿它当斧头来用，那你永远无法使他成为一名木匠。如果你敦促他善待妹妹，自己却不能善待她，你所有的教导都是枉费口舌。因此，当你不得不做一些会将幼儿弄哭的事情，比如给他擦鼻涕时，就应当认真地向年龄较大的孩子解释为什么必须这样做。否则，他很有可能会挺身保护年龄较小的孩子，激烈地反对你，让你停止残忍的行为。假如任凭他一直持有你很残忍的印象，你将失去抑制其发展成暴虐之人的冲动的威力。

尽管年长的孩子和年幼的孩子都很重要，但同龄人的重要性更为突出，至少在 4 岁之后是这样的。平等的行为举止是最需要学习的。现实世界中的不平等大多是人为结果，如果我们的行为举止能够忽视不平等，将是一件好事。富人想象自己比他们的厨师更高贵，因此对厨师的态度与他们在社会中的表现不一样。但他们在一位公爵面前又觉得自卑，会表现出缺乏自尊的态度。这两种态度都是错误的：他们应该感到厨师和公爵和他们是平等的，并用平等的态度来对待。在青少年时期，年龄构成了一种非人为的等级制度，但正是出于这一原因，养成对他们未来生活有利的社会习惯，最好的学习方式是与同龄人交往。各种游戏都更适合与同龄人一起玩耍，学校里的竞争也更适合在同龄人之间进行。在同学当中，一个男孩的重要程度是由大家的评判赋予的，他也许受到崇拜，也许遭到轻视，但这都取决于他自身的品性和能力。充满爱心的父母会营造出过于纵容的环境，缺乏爱心的父母则营造出压抑自发性的环境。只有同龄人能在自由竞争与平等合作中为自发性提供表现的空间。自尊而不暴虐，体贴而无奴性，学习培养这种态度的最佳方式是与同龄人交往。由于这些原因，不管父母如何体恤关爱，都不能在家里让孩子得到在好学校里享受到的益处。

除了上述考虑之外，还有一个考虑或许更为重要。孩子心灵和身体的发育都需要他们玩大量的游戏，而在最初的几年过去之后，除非和其他孩子一起玩，否则游戏几乎无法令人满意。缺少游戏，孩子会变得拘谨和紧张，生活会失去乐趣并产生焦虑。当然，像养育约翰·斯图亚特·穆勒（John Stuart Mill）[1]那样来培养孩子也是有可能的，像他一样从 3 岁开始学希腊文，对普通的童年乐趣一无所知。如果仅从获取

1　约翰·斯图亚特·穆勒（1806—1873），英国著名哲学家、心理学家和经济学家，19 世纪影响力很大的古典自由主义思想家。——译者注

知识的角度来看，这种方式也许效果不错，但如果全面考虑，我难以对此表示称赞。穆勒在他的自传里提到，他在青少年时期差点自杀，因为他想到，所有的音符组合终有一天会被用尽，那时就不可能再进行新的音乐创作了。显然，产生这种执迷的想法是神经衰弱的症状。在后来的人生中，每当他遇到一个倾向于表明他父亲的哲学可能是错误的论证时，他就会像一匹受惊的马那样避之唯恐不及，因此极大地削减了他推理能力的价值。如果他用更正常的方式度过青少年时期，可能在智力上更具灵活性，在思想上更具独创性。不管是哪种情况，这肯定会赋予他更多的享受生活的能力。我自己在16岁之前一直接受的是单独教育——我的教育虽然没有穆勒那样极端，但仍然非常缺乏青少年的寻常乐趣。我在青少年时期也经历过穆勒所说的那种自杀倾向——因为我想到，力学定律控制着我身体的运动，使意志成为纯粹的幻觉。当我开始和同龄人交往时，才发现自己尖刻而自命清高。我现在还保留了多少这样的性格，这不是我说了算的事。

尽管有前述种种反对单独教育的理由，我还是愿意承认，有不少孩子不应该上学，并且其中有些是不可忽视的人才。如果一个男孩在某方面拥有超常的智力，但体格羸弱，有严重的神经症，让他融入正常的男孩群体中可能非常困难，而且可能会被逼疯。超群出众的能力伴有精神异常，这种情况并不少见。在这种情况下，采用针对性强但对一般男孩有害的教育方法就是可取的。不过应该检查反常的敏感是否有确定的原因，如果有的话应耐心地治疗。但解决过程中绝不应该使孩子遭受极大的痛苦，就像一个异常的孩子容易遭受的来自野蛮同伴的欺凌。我认为，这类敏感通常源于婴儿时期的某些养育差错，这些差错损害了孩子的消化系统或神经系统。如果能运用智慧的方法，我相信几乎所有婴儿都能长成完全正常的孩子，可以享受与其他孩子在一起的快乐。尽管如此，还是会存在特例，并且很容易发生在那些具有某种天赋的孩子身上。在这种罕见的情况下，学校教育是不可取的，而让孩子在一种能够受到更多庇护的环境里度过青少年时期是更可取的做法。

第十一章

爱与同情

到现在为止，许多读者可能认为我莫名其妙地忽视了对“爱”（affection）的讨论，因为这种情感在某种意义上来说是良好品质的精髓。我认为爱和知识是正确行为的两个主要必备条件，不过在讨论道德教育时，我对“爱”还只字未提。我的理由是，正确的爱应该是自然产生的，源于恰当对待成长中的孩子，而不是在各个阶段刻意追求的东西。我们应该清楚什么样的爱是可取的，以及不同的年龄适合有什么样的性情。男孩从 10 岁或 12 岁直到青春期，往往非常缺乏爱心，试图强迫他改变天性是枉费工夫。在整个青少年时期，年轻人展示同情的场合比在成年之后要少，既是因为他缺乏有效表达同情的能力，也是因为他必须为自己的谋生做准备，这大部分不涉及他人的利益。由于这些原因，我们应该更关心培养充满同情心和爱心的成年人，而不是在人生早期强行发展这些品质。我们的问题跟品质教育中的所有问题一样，是一个科学问题，属于所谓的“心理动力学”（psychological dynamics）范畴。爱不可能作为一种职责而存在：告诉孩子他应当爱他的父母和兄弟姐妹是完全无用的，还有可能更糟。希望子女爱自己的父母，必须用自己的行动来激发孩子们的爱，还必须努力给予他们能产生博爱之心的身体特质与心理特质。

孩子绝不能被勒令爱他们的父母，父母也不能做任何以得到这种爱为目的的事情。最关切的父母之爱与两性之爱在这方面有所区别。寻求回应是两性之爱的本质，也是自然的事情，因为没有回应，性爱就无法实现它的生物学功能。但寻求回应并不是父母之爱的本质。自然质朴的父母本能，对待孩子就像对待自己身体的外化部分一样。如若你的大脚趾出了毛病，你会出于自身利益而关注它，并且不会期望它对你产生感激之情。我想，处在原始时代的妇女对她的孩子也有着非常类似的感觉。她对孩子幸福的渴望跟对自己幸福的渴望完全一样，尤其是孩子还很小的时候。她照顾孩子就跟照顾自己一样，不会感到做出了自我牺牲。也正是因为这个原因，她不会期待孩子对自己感恩戴德。只要孩子还无法照顾自己，被孩子需要就是令她满意的回应。之后，随着孩子开始成长，她对孩子的爱心减弱，而要求却可能增加。就动物而言，当小动物成了年，父母对它们的爱就终止了，也不会对它们提出要求。但就人类而言，哪怕是非常原始的人类，情况都不是这样。健壮武士的父母，会期望儿子在自己年老体衰的时候提供赡养和保护，埃涅阿斯和安喀塞斯的故事[1]则体现了更高文明程度的人类身上的这种情感。随着人们前瞻性的增强，父母为了自己老有所依，越来越倾向于利用子女的爱。于是就产生了孝道（filial piety），其原则在世界各地都普遍存在，并包含在摩西十诫的第五诫中。随着私有财产和有序政府的发展，孝道的重要性减弱了；再过几个世纪，人们会意识到这一事实，孝道也就会过时。在现代世界，一个 50 岁的人可能在经济上还在依赖 80 岁的父母，因此重要的仍然是父母对子女的爱而不是子女对父母的爱。当然，这主要适用于有产阶层，那种旧的关系在工薪阶层中依然存在。但即使是工薪阶层，由于养老金制度和类似措施的推行，也使得

1 埃涅阿斯是古希腊神话中的战斗英雄，在特洛伊城沦陷后，携带幼子，并背负父亲安喀塞斯逃离家园。——译者注

旧的关系也正在逐渐被取代。因此，孩子对父母的爱在各种最重要的美德中无法再有一席之地，而父母对孩子的爱依然是非常重要的美德。

精神分析学家还突出强调了另外一类危险，不过我认为他们对事实的解释可能值得商榷。我考虑到的危险与子女对父母某一方的过度依恋有关。成年人甚至青少年，都不应该受到父亲或母亲的过度压制以至于不能独立地思考或感受。如果父母比孩子个性更强势，这种情况可能就容易发生。除了极少数病态的例子，我不相信存在“俄狄浦斯情结”，即儿子对母亲或女儿对父亲有特殊的依恋之情。如果存在父母的过度影响的话，它会来自父母当中跟孩子打交道最多的那一方——通常是母亲——而跟性别无关。当然，有可能出现女儿不喜欢母亲，而又很少见到父亲的情况，她会把父亲理想化；但在这种情况下，施加影响的是想象中的父亲，而不是实际的父亲。理想化就是为希望找个借口：借口只是为了方便，而与希望的本质无关。父母的过度影响与此截然不同，因为它与实际的人而不是某个虚构的形象有关。

与孩子一直接触的大人可能很容易在孩子的生活中占据支配地位，使孩子成为精神上的奴隶，甚至在孩子长大后依然如此。这种过分依附可以是智力方面的，也可以是情感方面的，或者同时是两方面的。前者的一个典型例子是约翰·斯图亚特·穆勒，他无论如何努力都无法使自己承认他父亲可能犯了错。从某种程度上说，智力依附于早年的环境是正常的，很少有成年人能够发表超出父母或老师教给他们的见解，除非受到了某种大的潮流的裹挟。伊斯兰教徒的孩子是伊斯兰教徒，佛教徒的孩子是佛教徒，依次类推。可能有人坚持认为智力上的依附是自然和正常的，我倾向于承认这种情况只能通过专门的教育来避免。这种来自家庭和学校的过度影响应该小心避免，因为在一个快速变化的世界中，保有过去一代人的观念是极其危险的。但现在我只打算讨论情感和意志上的依附，因为它跟我们现时的话题有更直接的关联。

精神分析学家讨论属于“俄狄浦斯情结”（我认为这个术语具有误导性）的那些罪恶，源于父母过分渴望子女对他们的情感回应。就如我刚才所说，我相信纯粹的父母本能并不渴望情感回应；孩子对他们的依赖，以及他们指望父母提供保护和食物的事实，就能使他们的本性得到满足。这种依赖性消失的时候，父母之爱也消失了。这就是动物界的情形，就它们的目的来说，这是完全令其满意的。但人类的本能几乎不可能这么简单。我已经考虑过军事和经济方面的影响，就像关于孝道的说教所展现的那样。我现在关注的是，在父母本能发挥作用时，造成困惑的两种纯粹心理根源。

在智力注意到本能可以带来的快乐时，第一个困惑就产生了。总体来说，本能会促使人们做出令人愉悦的行为，这些行为会引发有益的后果，但后果可能并不让人愉悦。吃饭令人愉悦，但消化不是如此——尤其是在消化不良的时候。性爱是令人愉悦的，但分娩不是如此。婴儿对父母的依赖令人愉悦，但拥有独立性的充满活力的成年儿子不是如此。具有原始母性的妇女从吃奶的婴儿那里获取了最大的快乐，但这种快乐随着孩子的自理能力增强而逐渐减少。因此，为了获得快乐，她们倾向于延长孩子的依赖期，并推迟孩子可以脱离父母指引的时间。一些常见的俗语反映了这个趋势，如“拴在他妈妈的围裙带上”。以前人们认为要消除男孩身上的这种坏现象，只有将他们送去学校。而在女孩身上，这不会被视为一种坏现象，因为人们觉得让女孩变得无助和有依赖性是可取的（如果她们家境富裕），并希望她们在婚后能像从前依附母亲那样依附丈夫。不过，这种情况很少出现，由于希望的落空便产生了“婆婆”的笑话。笑话的目的之一是阻止人们思考，而这种特别的笑话非常成功地达到了这一目的。似乎没人意识到，一个被抚养成依附于他人的女孩，依赖的自然是她的母亲，因此不可能全心全意地跟一个男性结成伴侣，而全心全意正是幸福婚姻的本质。

第二种心理混乱更接近于正统的弗洛伊德观点。当性爱因素进入父母之爱中的时候，这种心理混乱就产生了。我不是指任何必须依赖于性别差异的东西，我指的只是对于某种特定情感回应的期望。性心理学有一部分——事实上，正是这个部分使一夫一妻制成为可能——是渴望成为某人心目中的唯一，渴望感到至少对世上某个人的幸福来说，自己比任何其他人都重要。当这种渴望导致了婚姻后，只有在实现很多其他条件后才能产生幸福。由于这样那样的原因，文明国家里相当大部分已婚女性都没有获得满意的性生活。如果一位女性碰到了这种情况，她往往会从孩子那里寻求一种不合法而且虚假的欲望满足，而这种欲望只有男性才能充分而自然地提供满足。我并不是指任何明显的东西，只是指某种紧张情绪、热烈感受，以及亲吻和过分爱抚带来的愉悦。过去人们常认为，一个充满爱心的母亲有这些做法是十分正常而且恰当的。的确，正常与有害之间的区别非常微妙。如果像某些弗洛伊德主义者那样，坚持认为父母完全不应该亲吻和爱抚自己的孩子，就有点荒谬了。孩子有权从父母那里得到温暖的爱，这能给予他们一种快乐的、无忧无虑的世界观，对孩子健康的心理发展也至关重要。但这种爱应该是孩子觉得理所当然的事情，就像他们呼吸的空气，而不是某些期望他们去回应的东西。事情的本质就是回应的问题。孩子会有某种自发的回应，这当然是好事；但它完全不同于孩子积极追求伙伴们的友谊。从心理学上来说，父母应该隐退在后台，不应该要求孩子的行动以取悦父母为目的。父母的快乐应该来自孩子的成长和进步；孩子以回应的方式给予他们的任何东西，都应该怀着感激之情接受，将其视为纯粹的额外收获，就像春天的好天气，不应该将其视为自然秩序的一部分来期待。

女性要成为幼儿的完美妈妈或完美老师非常难，除非她在性方面得到了满足。不管精神分析学家会怎么说，父母本能与性本能有着本质的区别，而且会被只适合性的情感因素侵入，从而受到损害。从心理学来说，聘请单身女教师的习惯在心理学上是完全错误的。适合跟孩子打交道的女性，她的本能不是从孩子那里寻求不该由孩子来提供的自我满足。婚姻幸福的女性无须努力就属于这种类型；但任何其他女性则需要具备一种几乎不可能获得的微妙的自控力。当然，男性在同样的情形中也适用同样的原则，不过男性碰到这种情形的时候比女性要少得多，既是因为他们的父母本能通常不太强烈，也是因为他们很少会有性饥渴。

期望孩子以什么态度对待父母，我们对这个问题有清楚的认识是明智的。如果父母正确地爱自己的孩子，孩子的回应将会是父母所渴望的。父母来时孩子高兴，父母走时就难过，除非他们正聚精会神地做一些愉快的事情；碰到任何身体或心理上的麻烦，他们会向父母寻求帮助；他们敢于冒险，因为他们背后有父母的保护可以依靠——不过这种感觉在危险关头才能意识到。他们会期望父母回答他们的问题，解除他们的疑惑，并帮助他们完成困难的任务。父母为他们做的大部分事情，不会进入他们的意识。他们会喜爱自己的父母，不是因为父母提供食宿，而是因为父母陪他们玩，教他们怎样做新东西，还给他们讲关于世界的故事。他们会逐渐意识到父母爱他们，但这应该作为理所当然的事情来接受。他们感受到的对父母的爱与他们对其他孩子的爱截然不同。父母的行动应当考虑孩子，孩子的行动则应当考虑自己和外部的世界。这是一种本质上的区别。子女在与父母的关系中不存在重要的职责。他的职责就是长智慧、长身体，只要做到了，健康的父母本能就会得到满足。

如果我所说的留下了这样一种印象，即希望减少家庭生活中爱的分量或者降低示爱的自发性，那么我应该深表歉意。

这根本不是我的意思。我的意思是爱有不同的种类。夫妻之间的爱是一回事，父母对子女的爱又是一回事，而子女对父母的爱又是另一回事。当这些不同种类的自然情感被混淆的时候，就会产生危害。我不认为弗洛伊德主义者在这个问题上已经抵达真理彼岸，因为他们不承认这些情感的本能差异。这使他们在父母与孩子的关系问题上成为一定程度上的禁欲者，因为他们把任何父母与孩子之间的爱都看作是不恰当的两性之爱。我相信，只要不是出现特别不幸的情况，就不需要做出任何重大的自我牺牲。丈夫和妻子彼此相爱并且都爱他们的孩子，应当能够遵从内心的指引而自发地行动。他们需要许多思想和知识，但这些可以从父母的爱中获取。他们不应该向孩子索取本应由夫妻相互给予的东西，但如果彼此都感到幸福，也就不会产生这种冲动。如果孩子得到恰当的照顾，他们会对父母产生一种自然的爱，且它不会成为独立的障碍。这需要的不是禁欲者的自我牺牲，而是本能在智力与知识的正确引导下得到自由发挥和扩展。

我儿子 2 岁 4 个月的时候，我去了美国，整整 3 个月不在家。我不在的时候，他很快乐，而我回来的时候，他欣喜若狂。我发现他正在花园门口焦急地等待，他抓住我的手，开始带我看各种让他特别感兴趣的东西。我想听他讲，他想讲给我听；我没有讲的欲望，他没有听的欲望。这是两种不同的冲动，但相互融洽。到了讲故事的时间，他想听而我想讲，我们再次达到了和谐。只有一次这个情形颠倒过来了。他3岁6个月的时候，我过生日那天他母亲对他说，他应该尽其所能让我高兴。听故事是他最大的乐趣。让我们惊喜的是，到了讲故事的时间，他宣布要讲故事给我听，因为今天是我的生日。他讲了十多个故事，然后跳下床说："今天的故事讲完了。"这是3个月前发生的事，他在这之后再也没讲过故事了。

现在我要讨论一个更宽泛的问题，即普遍意义上的爱与同情。在父母与孩子的关系中，由于父母有可能滥用权力，会产生一些难题。因此在讨论普遍性问题之前，有必要先处理这些难题。

没有什么方法可以迫使孩子产生同情或爱，唯一可能的方法是，观察这些情感自发产生的条件，然后努力创造这些条件。毫无疑问，同情在一定程度上出自本能。孩子听到兄弟姐妹在哭的时候会着急，常常也会跟着哭。如果大人正在对孩子做什么令人不愉快的事，他们会挺身而出激烈地反对。有一次，我儿子肘部受伤需要包扎，他妹妹（18个月大）在另一个房间听到他哭，非常不安。她不停地反复说"强尼在哭，强尼在哭"，直到包扎完毕。有一次，我儿子看到他母亲用针从她脚上挑刺，他焦急地说："不疼，妈妈。"他母亲说疼，想借此教他不要小题大做。他坚持说不疼，他母亲则坚持说疼。然后他忽然啜泣起来，哭得就好像是在他自己的脚上挑刺一样凶。孩子的这些反应肯定是由本能的生理上的同情激发的。这是必须要建立的更复杂形式的同情的基础。显然，正面的教育方式不需要更多，只需让孩子明白人和动物都能感到疼痛，而且有些情况下确实感到了疼。不过，还有一个否定条件：必定不能让孩子看到他尊敬的人做出不友善或残忍的事情。如果父亲射杀猎物，或者母亲对女仆恶语相向，孩子就会染上这些恶习。

什么时候以及用什么方式让孩子意识到世界上存在邪恶，这是个难题。如果不知道战争、大屠杀、贫困以及可预防但未能预防的疾病，孩子这样成长是不可能的。到了某个阶段，孩子必须知道这些事情，并将这些知识与下述坚定的信念结合起来：施加甚至容许任何本可以避免的痛苦是可怕的。我们在这里遇到的问题，与希望保持女性贞操的人所面临的问题类似，这些人原来认为女性应该在婚前保持性无知，不过现在他们采取了更为积极的做法。

我知道一些和平主义者希望历史教学不要提及战争，并认为应该尽可能久地让孩子对世界上的残暴行为保持无知。

但我不能赞扬这种由于无知而产生的“隐逸之德”（fugitive and cloistered virtue）。只要还有历史教学，就得如实地教。如果真实的历史跟任何我们希望传授的道德相冲突，那我们的道德肯定是错误的，最好将它抛弃。我乐于承认，包括一些最高尚的人在内，许多人觉得事实会引起麻烦，但这是由于他们的德性中尚有某种软弱。真正健全的道德，只会由于充分了解世界上真实发生的事情而得到加强。我们必不能冒这样的险：在无知中接受我们教育的年轻人，一旦发现这类罪恶的存在，将会欣然变成邪恶的人。除非我们能使他们反感残忍，否则他们便不会摒弃残忍；如果他们不知道残忍的存在，便不可能对它产生反感。

然而，找到向孩子传授关于邪恶的知识的正确方法并不容易。当然，那些生活在大城市贫民窟的孩子很早就知道了酗酒、吵架、家暴，等等。如果受到其他影响的抵消，也许这些对他们并没有伤害，但是没有一位谨慎的父母会有意让非常年幼的孩子暴露在这样的情景之下。我认为最大的反对理由是，这些景象会如此生动地激起恐惧，以至于会给孩子的余生投下阴影。孩子没有防卫能力，当他第一次知道针对孩子的残忍行为可能发生的时候，会禁不住感到恐惧。我第一次读《雾都孤儿》（*Oliver Twist*）的时候大约 14 岁，但它使我充满了恐惧情绪，要是我再小一些几乎不可能承受这样的情绪。可怕的事情不应该让幼小的孩子知道，直到他们长大到能在一定程度上镇定对待的时候。这个时间点，有些孩子来得早一些，另外的孩子来得晚一些：对比那些冷静或生来就充满勇气的孩子，想象丰富而且胆小的孩子应该受到更长时间的庇护。在让孩子面对不友好的存在之前，应该先坚定地确立因为期待良善而毫无畏惧的心理习惯。选择让他们知道的时机和方式需要策略和理解，不是一条简单的规则就能决定的事。

不过，有些原则应该遵循。首先，像“蓝胡子”和“巨人捕手杰克”这类故事完全不涉及任何残忍的知识，不会产生我们正在考虑的问题。对孩子来说，它们纯属虚构，他从来不会以任何方式将它们跟真实的世界联系起来。毫无疑问，他从中获得的乐趣与野蛮的本能相关，但这些本能对于无力的孩子来说，只是游戏的冲动，没有危害，而且往往会随着年龄增长而逐渐消失。不过，第一次向孩子介绍真实世界中存在的残忍现象时，要仔细选取那些会让孩子认同受害者而不是施暴者的事情。如果他认同故事中的暴君，他身上的野蛮本性就会使他欢欣鼓舞，这类故事往往会使他成为帝国主义者。而亚伯拉罕准备祭献以撒，或者母熊杀死受到以利沙诅咒的孩子之类的故事，会自然引发孩子对其他孩子的同情。如果要讲述这类故事，就应该告诉他们，讲述的目的是表明很久以前人们就已经堕落到了这般残忍的程度。我还是孩子的时候，曾有一次听了长达一个小时的布道，整个布道都是为了证明以利沙诅咒那些孩子是对的。幸运的是我那时已经够大了，我认为那个教区牧师是一个蠢货，不然的话我可能已经被吓疯了。亚伯拉罕和以撒的故事更可怕，因为残忍对待孩子的正是那个孩子的父亲。如果讲述故事时先有了亚伯拉罕和以利沙是高尚的人的假定，那么这类故事要么应该不讲，要么就会极大降低孩子的道德水准。但如果将它们作为例子来说明人类的邪恶，这类故事就有意义，因为它们生动、时代遥远而且并非真事。在《约翰王》(*King John*)中，休伯特挖掉小阿瑟眼睛的故事也可以用这种方式来讲述。

然后，历史教学或许就成为可能，包括历史上的所有战争。但在讲述战争的历史时，应该将同情首先给予战败者。我会首先讲述那些让人自然地站在战败方的战役——例如，在教一个英国小男孩时，给他讲黑斯廷斯战役。我会始终强调战争带来的创伤和苦难。我还会逐渐引导孩子在阅读有关战争的书籍时不抱偏袒之心，而是认为双方都是发脾气的蠢货，应该让保姆把他们放到床上，一直到他们变乖为止。我会将战争比作幼儿园里孩子之间的争吵。我相信用这种方式可以使孩子看清战争的真相，并认识到它的愚蠢。

如果某个冷酷或残忍的真实事件引起了孩子的注意，就应该对它进行充分讨论。讨论应该包括大人自己对这个事件所持的全部道德价值观，并包括如下暗示：行为残忍的人是愚蠢的，由于他们成长中没有得到良好的教育，因此不懂得明智处事。但如果孩子自己没有自发地在现实世界中看到这类事情，我不会刻意提醒他们去注意，直到他通过历史和故事熟悉了这类事情，然后我会逐渐介绍他周围存在的邪恶现象。但我总是会设法让他觉得，邪恶可以被打败，它源于无知、自制力的缺乏，以及糟糕的教育。我不会鼓励孩子对作恶者感到愤慨，而是将他们看成不懂幸福为何物的笨蛋。

由于有了本性上的萌芽，培养广泛的同情心主要是一个智力方面的问题：它取决于对注意力的正确指引，以及对军国主义者和独裁主义者所掩盖的事实的了解。例如，托尔斯泰曾描写拿破仑在奥斯特里兹战役获胜后巡视战场的情景。大多数历史记载只记录到战争结束，托尔斯泰只是简单地多描绘了一下战役结束后 12 小时的战场情形，就呈现出了一个截然不同的战争图景。他的做法不是隐瞒事实，而是提供更多事实。适用于战争的东西也同样适用于其他形式的残忍行为。

在所有情形中，应该完全没必要强调道德，正确地讲述故事就已经够了。不要进行道德说教，应让事实帮孩子在内心培育他们自己的道德。

关于爱，还要多说几句。爱区别于同情的地方在于，它不可避免地具有选择性，而且它本质上也是选择性的。我已经谈到父母和孩子之间的爱，现在要考虑的是同等的人之间的爱。

爱不能被创造，它只能被释放。有一种爱在一定程度上根植于恐惧，对父母的爱就具有这种成分，因为父母提供保护。在童年时期，这种爱是自然的，但在之后的人生中它就不可取了。即使是在童年时期，对其他孩子的爱也不属于这种类型。我女儿非常爱他的哥哥，尽管在她的世界中，他是唯一欺负过她的人。对同等之人的爱是最好的一种爱，在幸福和无惧的时候它更可能存在。恐惧很容易导致厌恶，不管这种恐惧是有意识的还是无意识的，因为恐惧的人认为其他人可能会对自己施加伤害。就事实来看，嫉妒是阻止大多数人博爱的障碍。我认为，没有幸福，嫉妒便无法预防，道德管束无法触及它的潜意识形态。反过来，幸福又主要受到恐惧的妨碍。有机会获得幸福的年轻人常常受到父母和“朋友”的阻止，名义上是出于道德方面的理由，实际上是出于嫉妒。

如果这些年轻人有足够的无畏精神，就会无视那些预言罪恶的人；否则他们就会容许自己堕落，并加入那些心怀嫉妒的道德家的行列。我们一直在讨论的品质教育旨在培养幸福与勇气，因此我认为，这种教育是在尽其所能地打开爱的喷泉。我们不可能做得再多了。如果你告诉孩子他们应该有爱心，就会有培养出伪善之人和骗子的风险。但如果你让他们获得幸福与自由，就会发现他们自发地善待每一个人，而且几乎所有人都会以友好态度来回应。一种充满信任与热爱的性情能自证其合理性，因为它散发出不可抗拒的魅力，并获得它所期待的回应。这是我们期望从正确的品质教育中获得的最重要成果之一。

第十二章

性教育

性的话题被裹上如此多的迷信和禁忌，以至于我在讨论它时如履薄冰。我担心的是，如果我将我提出的各项原则应用于性的领域，迄今接受这些原则的读者就会对它们产生怀疑；他们可能已经乐于承认无畏和自由对孩子是有益的，但在涉及性的问题时，他们仍然渴望对孩子施加束缚和恐吓。但我不能因此限制自己去相信这些完全可靠的原则，我会像对待构成人类品质的其他冲动那样来对待性的问题。

性具有与禁忌无关的独特性，那就是性本能的晚熟特性。的确，就像精神分析学家所指出的（虽然相当夸张），童年时期并不缺乏这种本能。但它在童年时期的表现与成年生活不同，其力量要弱得多，而且一个男孩在身体上也不可能像成年人那样放纵它。青春期仍要面对重大的情绪危机，深深影响了智力教育，其所造成的干扰给教育者提出了诸多难题。这类问题中有许多我都不打算讨论，我打算考虑的主要是青春期之前应该做什么。这个方面是最需要教育改革的，尤其是在婴幼儿时期。虽然我与弗洛伊德学派在很多具体问题上意见不一，但我认为他们做出了一件非常有价值的事，即指出了在性的问题上错误地对待幼童，会使他们以后出现神经紊乱。他们的工作在这方面已经产生了广泛的有益结果，但仍有大量偏见需要克服。当然，由于孩子在出生后的前几年，大部分是由完全没受过教育的女性来照顾的，这种做法使得困难大大增加，因为无法指望这些女性了解——更谈不上相信——专业人士的长篇大论。长篇大论是专业人士为避免被指责淫秽而不得不选择的表达方式。

如果按时间顺序来考虑我们正在讨论的问题，母亲和保姆首先遇到的问题是孩子手淫。权威专家表示，这种现象在 2 岁和 3 岁的孩子身上普遍存在，但此后通常会自行消失。有时它会因为某种可以避免的明确的生理刺激而表现得更加显著。（医学细节不在我的讨论范围内。）但即便没有这些特殊原因，手淫现象通常也会存在。人们已经习惯于将手淫看成令人惊骇的事，并且会用可怕的威胁加以阻止。通常来说虽然孩子相信这些威胁，但它们也不起作用，其结果是孩子生活在提心吊胆的折磨中，而这种害怕会导致它与最初的原因脱钩（现在因受压抑而转成潜意识），但会持续引发噩梦、神经质、幻觉和精神上的恐惧。如果对幼儿的手淫不加干预，它显然对健康没有什么不良影响[1]，也未发现它对品质有不良影响。看起来，在这两个方面所观察到手淫的不良影响，完全可以归咎于制止手淫的做法。哪怕手淫有害，颁布一条不会得到遵守的禁令也是不明智的；而且就这件事的性质来说，在你禁止孩子手淫之后，也不可能确保他不会继续。如果你什么也不做，这种行为或许很快就停止了。但只要你做点什么，反而会使手淫停止的可能性大大减少，还会为可怕的神经紊乱埋下伏笔。所以，虽然做起来有点难，这方面还是不管为好。我不是说禁令之外的其他方法也应该舍弃。让他睡意来了的时候再上床睡觉，这样他就不会在床上长时间醒着。在床上放几件他喜欢的玩具，这样可能会分散他的注意力。这类方法孩子完全可以接受。但如果它们失败了，也不要诉诸禁令，甚至不要让孩子注意到他沉溺于手淫的事实，然后手

1 在极少数情况下，手淫会造成轻微损伤，但很容易治愈，而且不比吸吮大拇指造成的后果更严重。

淫就可能会自行停止。

对性的好奇心通常在 3 岁那年产生，表现为对男女之间，大人和小孩之间的生理差异产生兴趣。从本质上看，这种好奇心在幼儿时期并不特殊，纯粹是普通好奇心的一部分。在按照传统方法养育的孩子身上可以看到这种好奇心具有特殊性，这是成年人故作神秘所导致的。如果不搞得神神秘秘，好奇心一旦得到满足就会消失。从一开始就应该允许孩子看到父母和兄弟姐妹赤身裸体的样子，只要这是自然发生的。双方都不应大惊小怪；不应让孩子知道人们看见裸体会产生反应。（当然他以后会知道。）你会发现，孩子很快就注意到父母之间的身体差异，并将其跟兄弟和姐妹之间的差异联系起来。不过，一旦这个主题被探索到了这种程度，它就变得索然无味了，就像经常打开的橱柜一样。当然，孩子在观看期间提出任何问题都必须给予回答，就像回答其他方面的问题一样。

回答问题是性教育的重要部分。这里涉及两个基本原则。第一，要永远如实回答问题；第二，把性知识当成和其他方面的知识完全一样的知识。如果孩子问你一个关于太阳、月亮、云、汽车或者蒸汽机的聪明问题，你会感到高兴，他能接受多少你就会讲解多少。回答问题占据了早期教育很大一部分内容。但如果他问你一个与性有关的问题，你可能忍不住会说“住口，住口”。如果你已经了解了不该这样做，你的回答仍然可能是简短而枯燥的，或许还会流露出些许尴尬的神情。孩子马上就能注意到这种微妙之处，这样你就为好色心理奠定了基础。你应当像回答其他方面的问题一样给予详尽和自然的答案。不要让自己觉得——哪怕是在潜意识里——性是令人讨厌的和肮脏的。如果你有这种感觉，它就会传达给孩子。他必然会想，父母关系中有某些下流的东西；这之后，他会得出结论，父母认为创造他生命的那种行为是不好的。幼时的这种感觉使得出于本能的快乐情感几乎不可能产生，不仅在青少年时期如此，成年以后也是如此。

如果孩子有弟弟或妹妹出生了，而他自己也到了能提出这方面问题的年龄，比如说 3 岁以后，那就告诉他，孩子是在母亲体内生长的，他也是以同样的方式生长的。让他看母亲给新生儿哺乳，并告诉他，母亲也同样哺育过他。所有这些跟其他与性有关的事情一样，都应该以完全科学的态度告诉他，不必煞有介事。千万不要跟孩子谈什么“母性神秘而神圣的职责”，整件事都必须完全实事求是地讲述。

如果孩子到了能提出关于生育问题的年龄而家里没有新成员诞生，那么孩子提出这个问题可能是因为大人曾告诉他

“这个事发生在你出生以前”。我发现我儿子到现在仍难以理解，他曾经有一段时间是不存在的。如果我跟他谈论金字塔的建造或者类似的话题，他总想知道那时他在做什么，当被告知那时他还不存在时，他完全迷惑不解。他迟早会想知道“出生”意味着什么，到那时我们会告诉他。

在回答生育问题时，父亲在其中的作用不太可能被自然地提及，除非孩子生活在农场里。但非常重要的是，孩子对这方面的了解首先应来自父母或老师的回答，而不是从那些因教育不当而言语下流的孩子那里获得。我清楚地记得，我12岁那年从一个男孩那里知道这些事，他用下流的眼光来看待这件事，将它当成了一个黄色笑话。这是我这一代男孩的普遍经历。自然地，其结果就是绝大多数人终生都认为性是可笑和下流的，这导致他们不能尊重和他们发生性关系的女性，即使她是他们孩子的母亲。尽管做父亲的一定记得他们当初是如何获得性知识的，但父母还是对这个问题抱有侥幸的怯懦政策。我想象不出，怎么能够期望这些做法有助于培养出孩子健全的心智或可靠的品质。从一开始就应当把性看作是自然的、令人愉悦的和正当的。否则的话就会毒害男女关系以及父母与孩子的关系。性的最佳状态存在于彼此相爱并且爱他们孩子的父母之间。孩子应该首先从父母关系中获得对性的了解，这样远远好于从下流言谈中获得对性的最初印象。如果孩子发现父母的性生活被当成罪恶秘密并一直对他隐瞒，那就尤为糟糕。

如果在性问题上不存在被其他孩子教坏的可能，那么这个问题就可以任由孩子的好奇心去自然发展，父母只需回答问题就行——前提始终是要让孩子在青春期到来之前了解一切。这样做当然绝对至关重要。让一个男孩或女孩毫无准备地突然去面对青春期，面对身体和情感上的变化，这是很残忍的，而且可能会使他们感到自己染上了某种可怕的疾病。此外，在青春期之后，所有关于性的话题都变得令人兴奋，使得孩子无法以科学的态度去聆听相关的讨论，但这在孩子还小的时候是完全可以做到的。因此，若是不存在听到下流言论的可能性，孩子应在青春期到来之前了解性行为的本质。

至于在青春期之前多久传授这些知识，则要依据具体情况。好奇心强、思维活跃的儿童应当比思维迟钝的儿童更早地被传授这些知识。任何时候都不该使好奇心得不到满足。无论孩子多么年幼，只要他提出了问题，就必须回答。而且父母应该表现出这样的态度：如果他想知道就可以问。但如果他不主动提问，那么无论如何要在他10岁之前告诉他，以免先让别人以坏的方式告诉他。因此，通过讲解植物和动物的繁殖来激发他的好奇心可能是有益的。不应该找庄重的场合，郑重其事地清清嗓子，以及做这样的开场白：“现在，我的儿子，我要告诉你一些你是时候知道的事情了。”应把整件事当成普通的寻常小事。这就是为什么最好的方式是回答问题。

到了今天，我想已无须争辩说男孩和女孩应该受到同等对待。我小时候，这样的情形很常见：一个“教养良好”的女孩在对婚姻的本质一无所知的时候就结婚，她不得不从丈夫那里学习婚姻知识；但近年来，我已经很少听到这样的事了。我认为，如今大多数人都认识到，基于无知的美德是毫无价值的，在获得知识方面女孩跟男孩拥有同等的权利。如果有人还未意识到这一点，他们不大可能读我这本书，因此不值得与他们争论。

我不打算讨论狭义的性道德教育。对于这个问题，依然是众说纷纭。基督徒的看法不同于穆斯林，天主教徒不同于容忍离婚的新教徒，思想自由的人不同于中世纪主义者。家长都希望用他们信奉的特定的性道德来教育孩子，并且我希望政府不要干涉他们。但如果不去纠缠那些复杂的问题，还是有许多东西可以作为共同立论的基础的。

最首要的是卫生问题。年轻人在面临感染性病的危险之前，必须了解性病。这方面的知识应该如实地教给他们，不要像有些人那样为了维护道德而故意夸张。他们既应学会如何避免性病，也要学会如何治疗性病。只给予道德完美的人所需要的教导，而把其他人遭遇的不幸看作对他们罪行的惩罚是错误的。我们可能会因此拒绝帮助在车祸中受伤的人，理由是粗心驾驶是一种罪过。而且，在这样或那样的情形中，惩罚都可能落到无辜者头上；人们不能认为生来就染上梅毒的孩子有罪，就像不能认为被粗心司机碾压的人有罪一样。

应该引导年轻人意识到，养育孩子是一件非常严肃的事情，除非对孩子能获得健康和快乐有合理的预期，否则不应生孩子。传统观念是，有了婚姻，生育总是正当的，哪怕因频繁生育而毁掉了母亲的健康，哪怕孩子患病或精神不正常，哪怕预计没有足够的食物来喂养孩子。如今，只有无情的教条主义者还坚持这种观念，他们认为凡是令人蒙羞的事都为上帝增添了荣耀。那些关心孩子或不以折磨无助者为乐的人，都反对使这种残忍行径合理化的无情教条。关心孩子的权利和价值，以及这种关心隐含的一切，都应成为道德教育不可或缺的部分。

女孩应被教导要预期她们有一天可能成为母亲，因此应该掌握一些将来可能有用的关于这方面的基本知识。当然，男孩和女孩都应该学习一些生理和卫生知识。应该让他们明白，缺乏父母之爱，没有人能成为好父母，但即使有了父母之爱，仍然需要有大量的知识。有本能但没有知识，与有知识但缺乏本能一样，都不足以抚养孩子。对知识的必要性理解得越深，聪慧的女性就越能感到母亲身份的吸引力。目前，很多受过高等教育的女性轻视做母亲，认为做母亲无法给她们提供施展才能的空间，这是极大的不幸，因为如果她们往这个方面想的话，是有能力成为最优秀的母亲的。

在性爱教育中还有一个问题至关重要。人们绝不应将嫉妒视为坚持权利的正当行为，而应将之视为嫉妒者的不幸和对被嫉妒者的不公。当占有欲侵入爱情，爱情就会失去激发热情的活力，并会吞噬人性；如果爱情中不存在占有欲，就能使人性完整，使人生更加丰富。从前，家长因反复灌输爱是一种义务而毁掉他们和孩子的关系；现在，夫妻之间仍然经常因为同样的错误而毁掉他们之间的关系。爱情不可能是一种职责，因为它不受意志的支配。爱情是来自上天的恩赐，是上天所能赐予的最好礼物。那些把爱情关进牢笼的人，会摧毁只有自由而自发的爱情才能展示出的美妙和喜悦。在爱情中，恐惧又一次成为敌人。担心失去人生幸福的人其实已然失去了幸福。这跟其他事情一样，无畏是智慧的核心。

因此，在教育我自己的孩子时，我会努力防止他们学习我认为有害的道德准则。有些持有自由主义观念的人愿意让他们的孩子先接受传统的道德，待以后如果可能的话再加以摆脱。对此我并不赞同，因为我认为传统的准则不仅禁止无辜的东西，而且推崇有害的东西。那些接受了传统教育的人，几乎必然相信自己在必要之时心怀嫉妒是合理的；而且他们还可能对性着迷，要么是全盘肯定，要么全盘否定。我不会教孩子觉得终生忠于伴侣在任何情况下都是可取的，或者认为一段永久的婚姻应该排除短暂的爱情插曲。只要嫉妒被视为符合道德，这样的爱情插曲就会引发严重的冲突；但如果双方都接受不那么严苛的道德，就不会产生冲突。有孩子的婚姻关系应该尽可能地长久维持，但也不必因此而排他。如果双方都有自由并且没有金钱方面的动机，爱情是美好的；如果这些条件不能满足，它往往可能是糟糕的。因为传统的婚姻常常不能满足这些条件，人们才被迫接受一种积极的而非限制性的、基于希望而不是恐惧的道德准则，用它来合乎逻辑地对抗在性问题上已经接受的准则。因此，没有任何借口允许我们教育自己的孩子去接受一种我们认为有害的道德准则。

最后，父母和教师在对待性问题时应该展现科学的态度，而不是情绪化的或教条式的态度。例如，说到一位母亲跟女儿谈论性问题时，后一种态度的表现是："让她以敬畏的态度讲述自然的旨意”；说到一位父亲教导儿子时，后一种态度的表现是：“父亲应该以敬畏的态度解释自然开创新生命的旨意。”读者可能会忽视这类说法，因为觉得它们没有包含值得商榷的内容。但在我看来，解释性问题与解释蒸汽机的构造一样，不存在需要使用更多“敬畏”的场合。使用“敬畏”暗示了一种特殊的语气，孩子会从中判断出性具有某种特质。这个结论距离色情和下流只有一步之遥。直到我们不再将性的问题和其他任何问题区别对待，我们才能确保得体地对待它。因此，我们绝不能提倡那些毫无根据并且会为大多数公正学生所质疑的教条，如：“成年之后，理想的两性社会关系是一夫一妻（monogamous）的婚姻关系，双方都应该在生活中绝对忠于这种关系。”这个观点可能正确，也可能错误，眼下当然没有充分的证据证明它的正确。把它当作不容置疑的东西来传授，我们就抛弃了科学的态度，而且尽力在一个最重要的问题上禁止理性思考。只要这种教条主义在教师中间继续存在，就不可能指望他们的学生会在任何让他们感受强烈的问题上发挥理智。而理智的唯一替代品是暴力。

第十三章

幼儿园

在前面各章中，我已经就怎样培养幼儿习惯，以便在他们长大后能够发挥作用并带来幸福的问题进行了概述。但我没有讨论是应该由父母进行这种训练，还是由为此而设立的学校进行训练的问题。我认为，支持由幼儿园进行训练的观点是完全压倒性的——不仅对那些父母贫穷、无知和过度劳作的孩子来说如此，对所有孩子，或者至少对住在城镇里的所有孩子来说，也是如此。我相信，在德特福德由玛格丽特·麦克米伦小姐（Miss Margaret McMillan）[1]开办的幼儿园里，孩子得到的教育比任何富家子弟目前能得到的教育更优质。

1　玛格丽特·麦克米伦，英国幼儿教育家。——译者注我非常希望看到这样的机构能延展到所有孩子身上，无论其贫富。不过在讨论任何实际的幼儿园之前，让我们先看看人们期望有这类机构的理由。

首先，无论是从医学还是心理学方面来说，幼儿期具有不可估量的重要性。这两个方面非常紧密地交织在一起。例如，恐惧会让孩子呼吸不畅，呼吸不畅往往会带来各种疾病。[2]这类相关的例子数不胜数，因此没有一定的医学知识，无人有望成功培养孩子良好的品质；没有一定的心理学知识，无人有望成功培养孩子健康的体格。这两方面所需要的知识大部分是新知识，而且其中很多与经久不衰的传统背道而驰。以纪律问题为例，跟孩子发生争论时，最重要的原则是：不要让步，但也不要惩罚。一般家长有时为了过安静日子而让步，有时又因为恼羞成怒而惩罚；要解决问题，正确的方法是将耐心与给予孩子启发的能力结合起来，这种结合相当有难度。这是心理学方面的一个例子；让孩子呼吸新鲜空气是医学方面的一个例子。如果父母用心而且有头脑，孩子就能日夜不断地享受呼吸新鲜空气，不必穿太多衣服。但如果父母缺乏关

2　关于这个问题，请参见《幼儿园》（*The Nursery-School*），玛格丽特·麦克米伦著，登特出版社，1919，第 197 页。

心和头脑，孩子就有因受潮或者天气突然变冷而感冒发烧的风险。

照料幼儿是全新而困难的艺术，不能指望父母在这方面具有足够的技能和闲暇时间。在父母未受过教育的情况下，这是显而易见的，他们不知道正确的方法，哪怕有人把这些方法教给他们，他们也不相信。我住在一个临海的农业区，那里容易买到新鲜食品，气候既不太热，也不太冷。我选择住在这里，主要是因为它对于孩子的健康来说是很理想的。但是那里几乎所有的孩子，不管是农民的孩子、店主的孩子还是其他人的孩子，都是脸色苍白、无精打采，因为他们饮食无度而玩耍又受到限制。他们从不去海滩，因为大人觉得玩水是危险的。哪怕最热的夏天，他们在户外也穿着厚厚的毛外套。如果他们在玩耍时吵吵闹闹，大人就会想办法使他们举止“斯文”。但他们获准可以熬夜，并会得到成人吃的各种有损健康的零食。他们的父母无法理解为什么我的孩子没有因感冒和受冻而夭折，但任何现实教训都无法使他们相信自己的方法有可以改进的空间。他们既不贫穷，也不缺乏父母之爱，但由于没受过良好教育，他们的无知难以去除。对于贫穷而且过度辛劳的城里父母来说，危害自然大得多。

但即使父母受过高等教育，勤勤恳恳并且不是特别忙碌，他们的孩子在家里也不能像在幼儿园里一样，得到那么多他们需要的东西。首先，他们没有同龄孩子做伴。这些家庭通常都是小家庭，如果某个家庭确实如此，孩子可能容易受到大人的过多照顾，并且可能变得神经质和早熟。此外，父母缺乏管理众多孩子的经验，这一经验有助于有的放矢。只有富裕家庭才能提供最适合幼儿的空间和环境。如果专门为一个有孩子的家庭提供这些条件，会导致孩子产生占有的骄傲和优越感，这些在道德上是极为有害的。由于所有这些原因，我认为，即使是最优秀的父母，都应该把他们 2 岁以上的孩子送到一所合适的学校，每天至少在学校度过一部分时间——如果住地附近有允许这么做的学校的话。

目前，根据父母的状况有两种学校可以选择。有针对富人家庭孩子开设的福禄贝尔学校和蒙台梭利学校，也有少量针对特困家庭孩子开设的幼儿园。后面一种当中最有名的是麦克米伦小姐开办的学校，前面提到的那本书对此有所介绍，每个热爱孩子的人都应该读这本书。我倾向于认为，现在为富家子女开办的学校中，没有一所比得上她的学校，一方面是因为她学校里的孩子更多，另一方面是因为她不会受到势利的中产阶级对教师的干扰。她的目标是，只要有可能，就让孩子从 1 岁直到 7 岁都待在她的学校，尽管教育部门偏向于认为：儿童年满5岁就应该上普通的小学。孩子们早上8点到校，一直到晚上6点，一日三餐都在学校吃。他们尽可能多地在户外活动，在室内也可以呼吸充足的新鲜空气。孩子入学前会接受体检，如果有问题就尽可能在诊所或医院进行治疗。入学以后，孩子们几乎变得健康，并且一直保持身体健康，只有少数例外。学校里有一个漂亮的大花园，孩子们可以花很多时间在那里玩耍。教学上采用的是蒙台梭利方法。晚餐之后孩子都去睡觉。尽管到了夜晚和周日，他们不得不待在赤贫的家中，也许要跟喝醉的父母同住在地下室，但他们的体格和智力等同于中产阶级孩子所能达到的最佳程度。以下是麦克米伦小姐对她学校里7岁学生的描述：

> 他们几乎都是身材高大、挺拔的孩子。哪怕有的身材不高，他们确实全部身板笔直，但一般来说，他们都身材健壮、体格匀称、皮肤干净、眼睛明亮、头发柔软光洁。他们的身型稍高于中上阶层最优秀的富家子女的平均水平。关于他们的体格就说这么多。从心理方面来说，他们敏锐、善交际、对生活与新体验充满渴望。他们能完美或近乎完美地阅读和拼写。他们写作出色，善于表达自己。他们能说流利的英语，还会说法语。他们

> 不仅能够帮助自己，几年来还一直帮助比自己小的孩子。此外，他们会计算、测量、设计，并且为学习科学做了准备。在学校的前几年，他们是在充满爱、宁静和趣味的氛围中度过的，最后两年则充满了有趣的体验和试验。他们了解花园，并在那里栽种、浇水，照料植物和动物。7岁的孩子们还能跳舞、唱歌，玩各种游戏。数以千计这样的孩子即将迈进小学的大门。该如何对待他们呢？我想说，首先，小学老师的工作将因这些干净而强健的年轻生命的突然涌现而改变。幼儿园要么会变得微不足道，也就是一种新的失败；要么它将很快对小学乃至中学产生影响。它将提供一种新型的受教育儿童，这迟早会引起反应，不仅影响到所有学校，还会影响到我们的社会生活，影响到为民众建构的政府和法律，还影响到我国和其他国家的关系。

我不认为麦克米伦的这些说法是夸大其词。如果幼儿园得到普及，就能在一代人之内消除现在造成阶层分裂的教育上的深远差别；就能使所有人都能享受现在只为最幸运的人所享有的心理上和身体上的发展；就能消除现在使进步困难的由疾病、愚昧和邪恶带来的沉重负担。根据1918年《教育法》，幼儿园本应由政府出资建设，然而“格迪斯大斧”（Geddes Axe）[3] 政策中，政府认为建造巡洋舰和新加坡港更为重要，以方便与日本作战。现在，政府每年花 65 万英镑劝诱民众食用含有防腐剂的自治领黄油和培根，任他们受到毒害，而不是吃丹麦生产的纯黄油。为了达到这一目的，我们的孩子被迫遭受疾病、穷困和愚昧。如果每年能投入 65 万英镑到幼儿园的建设上，一大批孩子本可以免受折磨。现在，母亲们拥有了投票权，她们会在某天为了自己孩子的利益而学会利用这种权利吗？[4]

除开这些宽泛的考虑，我们必须意识到正确照料幼儿是一项需要高超技能的工作，不能指望父母可以做到令人满意，而且这项工作与孩子日后的学校教育有相当大的不同。让我再次引用麦克米伦小姐的话：

幼儿园孩子的体质相当好。不仅贫民区邻居家的孩

3 一战结束后，为了偿清公债，控制物价，英国政府施行了严苛的财政与货币政策。这是由埃里克·格迪斯爵士担任主席的一个委员会推动实现的，该委员会的政策主张被誉为“格迪斯大斧”。——译者注

4 虽然麦克米伦小姐是美国人，我知道幼儿园在美国比在英国更不受重视。但由于美国不像欧洲各国存在财政困难，推广幼儿园的运动可能有望在美国广泛展开。奥谢在他的书中没有提及幼儿园，不过该中的评论显然表明他认为幼儿园非常必要。

子远不如他们，就是富人区比他们“高一等的人”，也就是体质很好的中产家庭儿童也不如他们。显然，孩子需要的不只是父母的爱和“父母的责任”。经验之谈已经失效，缺乏知识的“父母之爱”已经失效。但儿童教育并未失效，这是一项需要高超技能的工作。

关于资金问题，麦克米伦小姐说：

现在，经营一所有100名儿童的幼儿园，人均费用是一年12英镑，即使最贫困地区的家长也能负担1/3。雇佣实习学生做教职员的幼儿园开销要大一些，但增加的费用大部分将作为这些未来教师的报酬和维护费。一所拥有约100名儿童和30名实习学生的露天幼儿园和培训中心，每年的费用大概是2200英镑。

再引述一段：

幼儿园的一个突出成果是，让孩子能更快地完成目前的学校课程。等他们小学念了一半或2/3的时候，就已准备好学习更高等的知识了……简单地说，如果幼儿园是一个真正的养育所，而不只是单纯“照看”孩子到5岁的场所，那么它将非常有力且迅速地影响我们的整个教育体制。它将从小学开始迅速提高所有学校可能达到的文化和成绩标准。它将证明，我们身处其中的这个充斥着疾病和困苦、医生地位比教师地位更加显赫的杂乱之所，是能够清扫干净的。它将使学校厚厚的围墙、森严的大门、坚硬的操场、昏暗而巨大的教室看起来像怪物，事实也确实如此。它将给所有的教师提供一个机会。

幼儿园介于早期品质培养和后来的学校教学之间。幼儿园同时肩负这两项职能，它们相互促进；随着孩子年龄增长，教学逐渐占据更大的比重。正是在具有类似功能的机构中，蒙台梭利女士完善了她的方法。在罗马的一些宽敞的经济公寓里，专门留出一个大房间供3到7岁的孩子使用，而蒙台梭利女士就受托管理这些“儿童之家”[5]。就像在德特福德一样，这些孩子来自最贫穷的家庭；就像在德特福德一样，结果表明，早期的关爱能够克服贫困家庭给孩子身体和心理造成的不良影响。

5　参见蒙台梭利《蒙台梭利早期教育法》，海尼曼，1912，第42页起。

值得注意的是，自赛甘[6]时代起，幼儿教育方法上的进步来自对白痴和低能儿的研究。这两种人在某些方面仍是精神上的婴儿。我相信，有必要这样迂回的原因是，人们认为心理残疾者的愚蠢不该受到责备，也不能通过惩罚来治疗；没人会觉得阿诺德博士的鞭笞能医好他们的“懒惰”。于是，他们得到了科学的对待，而非愤怒的对待；即使他们听不懂，教师也不会生气地对他们大喊大叫，并告诉他们应该为自己感到羞耻。如果人们能让自己采取一种科学的态度，而不是用道德说教的态度去对待儿童，他们可能早就已经发现如今已知的有关儿童教育方式的知识，而用不着先去研究精神缺陷。“道德责任”的概念要为许多罪恶“负责”。假设有两个孩子，一个幸运地进了幼儿园，另一个则被留在贫民区，日复一日地过着没有改善的生活。如果第二个孩子长大后不如第一个孩子值得赞美，他该对此负“道德责任”吗？他的父母应该为由于无知与漠不关心而导致未能对他进行教育负“道德责任”吗？富家子弟在贵族学校里被培养出自私与愚蠢的品质，使他们更喜欢过他们的愚蠢奢靡生活，而不情愿去创建一个

6　爱德华·赛甘（*Édouard Séguin*），19世纪法国精神病学家，智力落后儿童教育的奠基者之一。——译者注

幸福的社会，他们要对此负“道德责任”吗？所有这些人都是环境的牺牲品，他们的品质在婴儿期即遭扭曲，智力发展又在学校受到了妨害。就因为他们没有得到本来可以得到的幸运，从而认为他们应该负“道德责任”，对他们大肆指责，这样做达不到任何有益的目的。

教育跟其他人类事务一样，进步的唯一途径是用爱来驾驭科学。没有科学，爱是无力的；没有爱，科学是破坏性的。至今已经为改进幼儿教育而做出的一切，都是由那些爱他们的人做出的；都是那些深知科学在其中可以发挥什么作用的人做出的。这是我们从女子高等教育中得到的益处之一：在过去，爱科学和爱孩子很少有共存的可能。科学赋予我们塑造年轻人心灵的力量，这是一种非常可怕的力量，如果滥用会造成致命后果；倘若它落到不合适的人手里，便会产生一个比混乱的自然界更加无情和残忍的世界。以传授各种狂热信念为借口，可能将儿童教育成顽固、好斗和残忍的人。教育必须由爱激发，又必须以培养孩子的爱心为目标。否则，随着科学技术的每一次进步，教育的危害性就会越来越大。对孩子的爱已是社会中存在的一种有效力量，这从婴儿死亡率的降低和教育的改善中可以看出。这种力量仍然太过微薄，不然我们的政治家就不敢为了他们杀戮和压迫的罪恶阴谋而牺牲无数儿童的生命和幸福；但它的确存在而且正在增长。然而奇怪的是，其他形式的爱仍然非常匮乏。有些人对孩子宠爱有加，而他们却又狂热地期望他疼爱的这个孩子将来能死于战场——而这些战争只不过是集体的精神错乱。把对孩子的爱逐渐扩展到他将来要变成的大人身上，这是一种奢望吗？爱孩子的人是否也会学着在孩子长大成人后，一如既往地给予他同样的父母关怀呢？在给予孩子强壮的体魄和活跃的思维后，我们是否应该让他们利用自己的强项和活力去创造一个更美好的世界？或者，当他们着手这样做的时候，我们会不会因为恐惧而畏缩，将他们推回来重新受到支配和训练？对于这两种选择，科学都能发挥作用；这是爱与恨之间的选择。不过，恨总是会被掩盖在职业道德家所推崇的各种华丽辞藻之下。

Education
and
the Good Life

第三部分 智力教育

第十四章

总体原则

到目前我们讨论的主题是品质培养，这主要是儿童早期的事情。如果方法得当，到孩子6岁时，这项任务就应该差不多完成了。我不是说品质在6岁以后就不会遭到破坏，没有一个年龄段的品质可以免受异常情况或环境的负面影响。我是说，在6岁以后，接受了正确早期培养的孩子应该已经具备了适当的习惯与愿望，只要在一定程度上注意环境的影响，这些习惯和愿望就可以引领孩子走上正途。一所学校的孩子如果都已经在出生后的前6年得到了正确的培养，那么只要校方能稍有判断力，学校就会构建一个良好的环境；它在道德问题上无须耗费大量时间或心思，因为孩子需要进一步具备的美德应该会从纯粹的智力训练中自然产生。我并不是教条地断言这是绝对的规则，而是将其当作学校方面的指导原则，让校方知道应该着重解决哪些问题。我相信，如果孩子一直到6岁都得到了恰当的照顾，校方最好的做法是注重纯粹的智力发展，并以此为基础推动其他良好品质的发展。

让教学受到道德权衡的影响，对智力，最终对品质来说都是坏事。不应该认为某些知识是有害的，某种无知是有益的。知识的传授应当是出于智力发展的目的，而不是为了证明某个道德或政治结论。从学生的角度来看，教学的目的应该部分是为了满足他的好奇心，部分是给予他所需的技能，以便他可以设法满足自己的好奇心。从教师的角度来看，教学的目的也应该是激发某种能带来丰硕成果的好奇心。但即使学生好奇的东西在学校课程之外，也绝不能打击这种好奇心。我不是说学校的课程应该被干扰，而是说应该认为这种好奇心值得赞赏，并应该告诉学生怎样利用课余时间去满足它，比如到图书馆看书。

说到这里，我会遇到一个从一开始就应该面对的问题。如果一个男孩的好奇心是病态的或者不正当的该怎么办？如果他对淫秽的事情或酷刑的故事感兴趣该怎么办？如果他的兴趣只是窥探他人的举动该怎么办？这类好奇心也要予以鼓励吗？在回答这个问题时，我们必须做出一个区分。应该突出强调的是，我们不能无动于衷，让这个男孩的好奇心继续局限在这些方面。但这并不意味着我们要让他因为想知道这些事情而感到自己邪恶，也不意味着要设法不让他获得关于这些方面的知识。这类知识的全部吸引力，几乎总是在于它是被禁止的；在某些情形中，它与某种病态的心理状况相关联，需要进行治疗。但不管是哪种情形，禁止和道德恐吓都不是正确的处理方式。作为最常见也最重要的例子，让我们来讨论一下对淫秽事物的好奇心。如果性知识对一个男孩或女孩来说，就跟其他任何知识一样普通，我相信这样的事情就不会存在。一个男孩弄到色情图片，会为自己能够这么做的本领感到得意，并为自己知道那些没进取心的同伴不知道的事情而感到得意。如果大人坦诚且得体地告诉他所有的性知识，他就不会对这些图片感兴趣了。然而，如果发现告诉了他相关知识，但他还是有这样的兴趣，我建议让他接受专业医生的治疗。在治疗的时候，哪怕是最令人震惊的想法，也应该首先鼓励他自由地说出来，接着要告诉他进一步的大量信息，逐渐增加这些信息的技术性和科学性，直到整件事让他厌倦然后不再感兴趣。当他感到再没有更多东西可以了解，而已经知道的东西也索然无味时，他就被治好了。要点是，知识本身并不是坏的，只是沉溺于某个特殊话题的习惯才是坏的。

要治愈痴迷的毛病，不能一开始就强行分散注意力，而要为这个话题提供过量的信息。通过这种方式，兴趣就变成对科学的兴趣，而不是病态的兴趣；一旦获得了这种兴趣，它也就能在其他兴趣中占据一个合理位置，而不再是一种痴迷了。我相信这是对待狭隘而病态的好奇心的正确方式。禁止和道德恐吓只会使事情变得更糟。

尽管品质的提升不应是教学的目的，但有些品质非常可取，而且对成功获取知识来说至关重要；这些品质或许可以被称为智力美德。它们应该是智力教育的产物，但它们应该作为学习知识的必需条件而产生，其本身不应成为追求的目标。在我看来，这样的品质中最主要的是：好奇心，开放的心态，相信获取知识有困难但可做到，耐心，勤奋，专注和精确。其中，好奇心是最基本的，只要有了强烈的好奇心而且它的目标正确，其他各项品质也会随之而来。但也许好奇心没有充分的主动性，不足以成为整个智力生活的基础。此外，还应该总是有一种做困难事情的愿望，获得的知识在学生看来应该像一种技能，就像游戏或体操中的技能一样。我觉得，这种技能必然有一部分是纯粹为了完成学校作业所要掌握的，但要是能让它看起来是出于非教学目的，对达成他喜欢的课外目标也是必要的，就可以说是取得了某种极为重要的成果。

知识与生活脱节是令人遗憾的，不过在求学期间无法完全避免。对于最难以避免这种脱节的知识，应该找机会跟学生谈一谈它的效用——这里的“效用”应是广泛意义上的。尽管如此，我还是会给纯粹的好奇心留出广大的空间，没有它，现在许多最有价值的知识（例如纯数学）就可能不会被发掘出来了。在我看来，很多知识——抛开它们具备的实际作用不说——本身就有价值。我不希望鼓励年轻人太注重寻找所有知识的潜在用处，不带功利色彩的好奇心是年轻人天生具有的，这是一种非常可贵的品质。只有在这种好奇心没发挥作用的时候，我才会求助于获得实用性技能的愿望。这两种动机都各得其所，不能让其中一种排斥另外一种。

我知道我一直在假定有些知识本身就是有益的，而不是单纯因为它具有的效用。这种观点经常受到挑战。我发现奥谢教授[1]是这样说的：在欧洲和远东的学校里，“一个人若没有积累大量关于古代风物的知识，就算不上受过教育，或至少算不上有修养。但在我们国家，我们很快就产生了这个观点：修养不是仅仅在于对事实的掌握，不管这些事实是古代的还是现代的。有修养的人应该是已经获得服务于社会的知识和

1　《奥谢》，第 386 页。

技能的人，并且他们已养成能跟伙伴融洽相处的行为习惯。[2]在今天的美国教师看来，在个人生活中无益于处理人际关系的知识，对于修养的目标来说没有价值，对于自律的目标也一样没有价值。”

当然，奥谢对于旧世界如何看待修养的说法是一种夸张的描述。没人会坚持认为单纯掌握事实就能赋予人以修养。但人们可以争辩说，修养意味着在一定程度上不受空间和时间方面狭隘主义（parochialism）的影响，并且意味着对卓越人物或事物的尊重，即使这些人物或事物属于另一个国家或另一个时代。我们容易夸大自己对于外国人的优越感，以及对于前人的优越感，这使我们轻视他们比我们出色的一切事物，其中包括生活中的全部审美。而且我应该说，修养包含一种沉思的能力，能够去思考或感受而不会鲁莽行事。这让我难以很快接受所谓的“动态”（dynamic）教育理论，它“要求学生实际去做他们在学的东西”（《奥谢》，第401页）。毋庸置疑，这种方法对于年幼儿童来说是正确的。但如果不能运用更抽象和更依赖智力的方法，教育就不能算是完整的。

2　我们是否可以推断，随身带着小酒壶是一种修养？在此，这个定义似乎适用。

用“做”的方法去学习星云假说或法国大革命，要耗费很长时间，更不要说还有上断头台的危险。一个受到充分教育的人学会了在必要时从抽象概念中提取意义，并将它们作为抽象概念来运用，只要有利于达到他的目的。一个数学家如果在换算的每一步都必须停下来去理解它的意义，那么他的工作将永远完不成，他实际使用方法的必要优点在于使用起来不用这么费力。所以，在高等教育中，动态教学方法似乎并不合适。我忍不住会想，动态教学法之所以在美国如此受欢迎，部分是出于这种观念：一切卓越成就都来自做，而不是思考和感受。这种观念隐含在我刚才引用的关于修养的定义中，并且在机械时代也很自然，因为机器只能运行，没人会期望它思考或感受。然而，将人比拟成机器，不管形而上学如何看待，这种做法几乎不可能给我们提供一种合理的价值标准。

具有真正求知欲的人，一定具备此种品质：开放的心态。只有受到其他欲望扰乱并且自信真理在握的人，才会失去这种品质。这就是开放的心态在年轻人中比在中老年人中更为常见的原因。一个人的活动，几乎必然与他就某个疑难智力问题做出的决定相关。牧师不可能对神学不感兴趣，军人也不可能对战争毫不关心，律师必定认为罪犯应受惩罚——除非他们请得起知名律师，教师必定会支持跟自己的训练和经验相适应的某种教育体制，政客几乎无法不去相信最有可能给他权力的那个党派的原则。一个人一旦选定了职业，就不要指望他会一直考虑其他选择是否更好。因此，在长大之后，开放的心态会受到各种限制，不过这种限制应该尽可能少。但是在年少时期，威廉·詹姆斯（William James）[3]所谓的“强制性选择”（forced options）会少得多，因此更少需要“信仰意志”（will to believe）。应该鼓励年轻人将每个问题都看成是开放的，并能在经过辩论以后抛弃任何一种观点。这种思想自由也意味着不应该有完全的行动自由。一个男孩决不能因为受到某个加勒比冒险故事的影响，就随意跑到海里去。但只要他还在接受教育，他就可以自由地认为当海盗比当教授要好。

专注力是一种非常宝贵的品质，除非通过教育，否则很少有人能获得这种品质。的确，随着孩子年龄增长，专注力会自然增强到一定程度。很小的幼儿很少能连续几分钟专心想一件事情，但他们的注意力逐年变得更加集中，一直到他

3　美国心理学之父，美国机能主义心理学派创始人之一，美国最早的实验心理学家之一。——译者注

们成年。尽管如此，如果不接受长期的智力教育，他们几乎不可能获得足够的专注力。完美的专注力有三个突出特征：强烈、持久和自发。阿基米德的故事体现了专注力强烈的特征。据说，当罗马人占领锡拉库扎并前来杀他时，他浑然不觉，因为他正在全神贯注地研究一个数学问题。能够长时间地专注于同一件事，对于攻克难题至关重要，甚至对于理解任何复杂或深奥的问题来说也是如此。如果对某件事有自发而浓厚的兴趣，自然就会产生专注力。大多数人能长时间地专注于一个机械难题，但这种专注本身并没有太大用处。要变得真正有价值，专注必须受到意志的控制。我的意思是，如果某种知识本身枯燥乏味，但一个人有充足动力的话，就能强迫自己去获取。我认为，高等教育给予人们最重要的东西，就是这种受到意志控制的注意力。在这个方面，旧式教育是值得赞赏的，我怀疑现代的教育方法能否成功地教会一个人自愿忍受无聊。不过，如果现代教育实践中确实存在这个缺陷，也绝不是无可救药。对于这个问题，我将在后面再来讨论。

耐心和勤奋应该来自良好的教育。人们以前认为，在大多数情况下，只有在外部权威的强迫下依照良好习惯做事，才能获得这些品质。无疑，有时候这种办法会成功，就像我们看到人们驯马时那样。但我认为，更好的办法是激发人们克服困难所需的斗志。可以先易后难，使人在开始时能轻松获得成功的喜悦。这让人体验因坚持不懈而带来回报的感觉，使所需的恒心逐渐增强。类似的说法完全适用于知识难得但不是不可得的信念。培养这种信念的最佳途径是，引导学生解决一系列先易后难的、精心分级的问题。

精确也许是教育改革家往往过于轻视的一种品质，就跟对注意力的自觉控制品质一样，都不受重视。巴拉德博士（《变革中的学校》，第 16 章）明确指出，我们的小学虽然在大多数方面得到了极大改善，在这个方面却不如以前。他说："上个世纪 80 年代和 90 年代初，学生在年度考核中要接受大量测试，测试结果要上报作为拨款计划[4]的依据。现在，同龄儿童在同样的测试中，成绩明显持续下降。不管我们对此做何解释，事实不容怀疑。总体来看，我们的学校——至少我们的小学——所做的工作不如 25 年前精确。"巴拉德博士对这个问题的总体论述非常出色，我想不出还有什么需要补充。不过，我要引用一下他的结语："经过种种推演，它（精确）

4　那时候，英国政府只承担学校的部分费用；这部分称为"拨款"，取决于学生考核成绩。

仍然是一种高贵的而且鼓舞人心的理想。它是智力应遵循的道德准则：它确定了智力在追求自身的合适理想时应当致力于获得什么。因为我们在思想、言语和行为中达到的精确程度，可用来大体衡量我们对真理的忠诚度。”

让现代方法的倡导者感到为难的是，迄今所教导的精确包含了枯燥，如果教育能变得有趣，将会是巨大进步。但这里我们必须加以区分。纯粹由教师强加的枯燥是完全糟糕的；学生为了满足某种志向而自愿忍受的枯燥，只要不过度，则是可贵的。用不易实现的愿望去点燃学生的激情——如了解微积分、阅读荷马史诗、拉好小提琴，诸如此类——应是教育的一部分。所有这些活动都有各自精确的标准。有能力的孩子为了获得某种渴望拥有的知识或技能，会承受无尽的单调乏味，并愿意服从严苛的纪律。而资质平庸的孩子，如果得到催人奋进的教导，也会受到类似志向的激励。教育的驱动力应该是学生的学习愿望，而不是教师的权威；但这并不是说，教育在每个阶段都应该是温和、轻松和令人愉快的。这尤其适用于和精确相关的问题。学习精确知识容易使人厌倦，但不管要在哪方面取得卓越成绩，它都必不可少，可以通过恰当的方法让孩子清晰了解这个事实。如果现代方法在这方面不成功，它们就是有缺陷的。在这件事情上，跟其他许多事情一样，对糟糕的旧式管教方式的抵制有点矫枉过正，已经趋于一种过度的宽松，这种宽松必须让位于一种新式管教方式；旧式管教方式依赖外在权威，而新式管教更多来自内在和心理。精确就是这种新式管教方法在智力上的表现。

各个方面的精确都不相同，每种都有它的重要性。主要的有：肌肉的精确、审美的精确、事实的精确和逻辑的精确。每个孩子都能理解肌肉的精确在很多方面的重要性。一个健康的孩子用全部课余时间学习身体控制，这就需要掌握肌肉的精确；而后孩子参与事关荣誉的游戏，也需要掌握肌肉的精确。但它还有一些跟学校教学更相关的形式，如言语清晰、书写优美、正确演奏等。一个孩子会根据他所处的环境来思考这些东西重要或不重要。审美精确难以界定，它取决于用来刺激情感产生的手段是否恰当。让孩子掌握审美精确的重要表现方式之一，就是让他们通过背诵来学习诗歌——例如为了表演而背诵莎士比亚的作品，当他们出错时，要让他们去感受原文为什么更好。我相信人们可以发现，在审美感普遍存在的地方，孩子们会学习各种传统的已经模式化的表演，如跳舞和唱歌。他们乐此不疲，但必须依照传统进行完全正确的表演。这使他们对细微的差别非常敏感，而这对精确来说至关重要。在我看来，表演、唱歌和跳舞是培养审美精确的最佳途径。绘画要稍差一些，因为对它的评判可能主要依据与临摹对象的相似度，而不是审美标准。的确，模式化的表演也是对模型的再现，但这种模型是按照审美动机创造出来的，它被模仿是因为模型本身是好的，而不是因为模仿是好的。

对于事实的精确，为精确而精确是非常无聊且令人难以忍受的。学习英国国王的在位时间，或者各郡及其首府的名字，曾是学生最畏惧的事情之一。更好的做法是，通过兴趣和重复来确保事实的精确。我从不记得那一长串海角的名字，但在 8 岁的时候，我已经知道几乎所有的地铁站名字了。如果让孩子们观看一部影片，讲述一艘轮船沿着海岸航行的故事，他们很快就能知道那些海角名字。我不认为它们值得去记，但假如值得的话，这是正确的教学方法。所有地理知识都应该通过电影讲授，历史教学在最开始时也应该这样教。初期的开销会很大，但不会大到政府承受不起。而且此后教学变得简易，这也是一种节俭。

逻辑的精确要在晚一些的阶段才能获得，不应强迫年幼的孩子去学。记住乘法口诀表当然是事实的精确，到非常晚的阶段，它才变成逻辑的精确。数学是这方面教育的自然载体，但如果它呈现出一系列任意的规则，就起不到应有的作用。规则必须学习，但到了某一阶段，规则背后的理由也必须了解清楚；如果不这样做，数学就没有什么教育价值。

现在我要讨论一个在谈及精确时已经出现的问题，那就是让所有教学变得有趣的做法，在多大程度上是可能的或是可取的。旧的观念认为，教学的大部分内容必定是枯燥的，只有严厉的权威才能促使普通的男孩坚持学习。（普通女孩则将被允许继续保持无知。）现代的教育观念认为，教学完全可以变得令人愉快。相比之下我对现代观念的支持要强烈得多；尽管如此，我认为现代教育观念受到了某些限制，尤其是在高等教育方面。我将首先讨论现代教育观念中我认为正确的部分。

现代的幼儿心理学家都强调，不要催促幼儿进食或睡眠，这是非常重要的：这些事情应该由孩子自发去做，而不应是哄骗或强迫的结果。我自己的经验完全证明了这种教育方法。最初，我们并不知道这种新的教育方法，于是采用了旧方法。旧方法非常失败，现代的方法则取得完美成功。不过，不能以为用现代方法的家长在孩子的饮食和睡眠方面什么都不做，相反，他们应尽其所能地促使孩子养成良好的习惯。吃饭定期，吃饭时间内孩子不管吃不吃都必须坐着，不能玩耍。睡觉定时，到时孩子必须躺在床上。他可以搂着玩具动物睡觉，但这个玩具不能是会发声、会跑的，也不能做其他任何使人兴奋的事情。如果玩这个具动物是孩子最喜欢的，则可以玩一个这样的游戏：假装动物累了，孩子必须让它睡觉。然后就让孩子一个人躺着，通常他很快就能入睡。但一定不能让孩子觉得你急于让他睡觉或吃饭，这马上就会使他觉得你是在求他帮忙，这给了他一种权力感，导致他越来越需要哄骗或惩罚。他应该因为想吃饭和想睡觉而吃饭睡觉，而不是为了取悦你。

这种心理显然在很大程度上也适用于教学。如果你强行教孩子，他就会得出结论，他是在被要求做一些他不喜欢的事来取悦你，因而会产生抵触心理。如果这种抵触心理一开始存在，就会一直存在；到了更大一些的时候，孩子通过考试的愿望可能会变得明显，并且会为此而努力，但他的努力并非纯粹出于对知识的兴趣。相反，如果最初你能激发孩子的求知欲，然后将他想要的知识作为一种恩惠给予他，整个情形就不同了。孩子对外在管教的需要将大大减少，不用费力就能保持注意力。这种方法要取得成功有一些必要条件，蒙台梭利女士成功地在很年幼的孩子中间创造了这些条件。孩子的作业必须有吸引力并且不太难。开始的时候，必须有年龄稍大的孩子做榜样。做作业的时候不能有其他明显有趣的事情干扰。孩子有许多事情可做，他可以选择独立去做任何喜欢的事。用这种管理办法，几乎所有孩子都十分快乐，并且 5 岁之前在没有压力的情况下学会阅读和写作。

类似的方法在多大程度上能有益地应用于年龄更大的孩子，这是一个有争议的问题。随着孩子年龄增长，他们受到更长远的动机驱使，因此不再需要每个细节都必须有趣。但我认为，教育的推动力应该来源于学生，这个总原则到任何年龄段都依然适用。应当营造有助于激发这种推动力的环境，使学生不学习就只能感到无聊和孤立。但不管什么场合，如果孩子更愿意选择无聊和孤立，应该允许他做这样的选择。独立完成任务的原则可以继续施行，虽然在幼儿期过后，一定量的班级任务似乎必不可少。但如果必须通过外在权威来督促孩子学习，除非有医学上的原因，就很可能是因为教师的方法有误或者以前接受的道德教育有问题。如果一个孩子在 5 岁或 6 岁以前一直都得到恰当的训练，那么到了以后的阶段，任意一位好老师都应当能够激发他的学习兴趣。

能做到这一点有数不尽的好处。教师看起来就像学生的朋友，而不是敌人。孩子将学得更快，因为他愿意配合。他学习时更少感到疲倦，因为他不必时刻神经紧绷，勉强自己把因为觉得无聊而分散的注意力重新集中起来。他的个人主动性得到了培养，而不是被削弱。由于存在这些好处，似乎做出这样的假定是值得的：学生能够在自身愿望的引导下去学习，而不需要老师的强迫。如果在少数情况下发现这种方法不起作用，那么可以对这些情况单独对待，使用不同的教学方法。但我相信，如果采用适合孩子智力的教学方法，很少会有不起作用的情况。

由于已经提到的与精确教育相关的那些原因，我不相信一种真正周密的教育能够做到完全有趣。不管人们学习某一学科的愿望有多强烈，还是会发现这个学科的有些部分是枯燥的。但我相信，只要给予适当的引导，孩子能够感觉到学习这些枯燥部分的重要性，并用不着强迫就坚持学完。我会利用称赞和责备作为激励手段，视孩子完成既定任务的好坏而定。学生是否具备必要的技能，应该像在游戏或体操中那样一目了然。对于学科中的枯燥部分，教师要讲清楚它的重要性。如果所有的这些方法都不灵，那就不得不将孩子划为愚钝类型，并与智力正常的孩子分开教育，不过必须小心，不要让这种做法看起来像是一种惩罚。

除了极少数情况，即使孩子年幼（比如说，4 岁以后），也不应该由父亲或母亲来充当教师。教学工作需要某种特殊类型的技能，这种技能虽然可以学得到，但大多数父母都没有机会去学习。学生的年龄越小，要求的教学技能就越高。除此之外，在孩子的正式教育开始之前，父母一直与孩子保持接触，因而孩子在与父母相处时形成了许多习惯和期望，而这些对教师来说是非常不合适的。而且，家长对自己孩子的进步可能寄予过多的期望与关心。他会因孩子的聪明而欣喜若狂，因孩子的愚笨而恼羞成怒。父母不能教自己的孩子，其原因与医生不为家人治病是一样的。当然，我并不是说父母不能给予自然而然的教育，我只是说，一般而言，他们不是教授学校正式课程的最佳人选，哪怕他们完全有资格对别人的子女进行教学。

从第一天起直到最后一天，在整个教育期间，孩子应该有一种智力探险的意识。这个世界充满令人迷惑的事物，但只要付出足够努力就可以理解。解开谜团的感觉令人高兴，令人愉悦，每一位出色的教师都应该能给予学生这种感觉。蒙台梭利女士描述了她的学生发现他们学会写字时的那种快乐；我记得第一次读到牛顿用万有引力定律推导开普勒第二定律时那种如醉如痴的感觉。很少有快乐能如此纯粹，如此有用。学生在主动且独立的学习中能获得发现的机会，因而跟在课堂上一切由老师来讲授相比，能让学生更经常地感受到智力探险的感觉，而且这种感觉更为强烈。只要有可能，就应让学生主动学习，而不是被动接受。这是使教育成为一种幸福之事而不是折磨的秘诀之一。

第十五章

14岁前的学校课程

学校应该教什么？应该怎么教？这两个问题密切相关，因为如果能设计出更好的教学方法，学生就有可能学到更多。如果学生愿意学习而不是将学习看作无聊的事情，情况就更是如此。我已经谈到过教学方法，在后面一章我还会继续讨论。在本章，我会假定已经采用了有可能做到的最佳教学方法，所以只考虑应该教什么的问题。

当我们思考一个成年人应该了解的知识时，很快就会意识到：有些知识每个人都应该了解，有些知识部分人必须了解而其他人不必了解；有些人必须了解医学知识，但对大多数人来说，了解一些生理学和卫生学的基本知识就足够了；有些人必须了解高等数学，但对那些不喜欢数学的人来说，知道一些最基础的知识就足够了；有些人必须知道如何演奏长号，但幸运的是，不是每个学生都必须会演奏。总体而言，在孩子14岁之前，学校的教学内容应该是每个人都必须了解的知识，除了特殊情况，专业教育应当在以后进行。不过，孩子14岁前的教育目标之一应该是发现他们的特长，以便以后精心培养。基于这个原因，要求所有学生都学习一些学科的基础知识是恰当的，对于那些不擅长的科目，此后可以不必继续深入学习。

当我们确定了每个成年人都应当了解的知识内容后，接下来必须确定各个学科的教学顺序。这里，我们应该自然而然地以各学科的相对难度为指引，从那些最容易的学科教起。这两个原则在很大程度上决定了早期的学校课程。

我假定5岁的孩子已经知道如何阅读和写字，这是蒙台梭利学校或日后在此基础上经过改进的任何机构应该做的事情。孩子们在那里还获得了有一定精确度的感官知觉，具备了绘画、唱歌和舞蹈的基础知识，获得了跟很多孩子在一起时依然专注于某项教育活动的能力。当然，5岁的孩子在这些方面不可能做得非常完美，都需要在以后多年接受进一步的教育。我认为孩子在7岁前不应该做任何太费脑筋的事情，但是掌握足够的技巧可以极大地减少困难。算术往往是儿时令人头疼的东西——我记得自己因为记不住乘法口诀表而伤心抹泪——但如果老师能循序渐进地精心教授，就像蒙台梭利借助教具教学一样，孩子就不会因它的晦涩难懂而感到完全绝望。不过，如果要掌握充分的运算能力，最终必然要记住大量令人厌倦的规则。要将这些东西融入本该充满趣味的早期学校课程中，是最为棘手的事情；尽管如此，出于实际考虑，一定程度的熟练是必要的。此外，算术能自然地让人接触到精确：一道加法题的答案要么正确，要么错误，但从不会是“有趣的”或“有启发性的”。这使得算术成为早期教育中的重要内容而不需考虑其实际效用。但它的难度应该仔细进行分级，各级之间梯度要小，每次的讲授时间也不应太长。

我小的时候，地理和历史是所有学科中学得最差的。我惧怕地理课，如果说我对历史课还可以忍受的话，那也只是因为我一直就对历史充满热情。这两门课本是可能让年幼的孩子着迷的。我儿子虽然没有上过一堂地理课，但他的地理知识比他的保姆多得多。他的知识来自他对火车和轮船的喜爱，这也是所有男孩都喜欢的东西。他想知道自己想象的轮船要走哪些航线，当我告诉他通往中国的各段航程时，他会全神贯注地听我讲。然后，如果他要求的话，我会让他看沿途各国的图片。有时他坚持要拿出厚厚的地图册，在地图上查找路线。他每年两次乘火车从伦敦到康沃尔，他对此兴致勃勃。他知道火车停靠的所有车站，知道在什么地方让车厢与车身脱钩。他被南极和北极强烈吸引，同时又对没有东极和西极感到困惑。他知道法国、西班牙和美国在海对岸的哪个方向，还知道这些国家的很多风光。所有这些知识没有一样来自教学，而是强烈的好奇心带来的结果。地理一旦跟旅行的想法结合起来，几乎每个孩子都会感兴趣。我会部分使用图片，以及讲述旅行者的故事来教地理，但主要还是通过影片来展示旅行者的见闻。地理知识是有用的，但缺乏内在的智力价值；不过，当地理知识通过图片变得鲜活时，它就有了给想象力提供营养的价值。知道有的国家气候炎热、有的国家气候寒冷，有的国家全是平原、有的国家山地居多，知道有黑色人种、黄色人种、棕色人种、红色人种以及白色人种，这些都是有益的知识。它们可以减少熟悉的周边环境对想象力的严重扼制，并让孩子在以后的生活中切实感受到遥远的地方的确也有国家存在，而不通过旅行是很难获得这种感受的。由于这些原因，我会在幼儿教学中给予地理以重要位置，如果他们不喜欢这门学科我会感到惊讶。以后，我会给他们提供包含图片、地图和世界各地基本信息的书籍，并让他们整理描述各国特色的小文章。

适用于地理的这些教学方法更适用于历史，不过历史教学要在稍晚的阶段才开始，因为孩子早先只有初步的时间意识。我认为孩子在 5 岁左右开始学习历史是有益的，起初可以使用记录名人趣事并有大量配图的书。我那时候就有一本介绍英国历史的绘本。玛蒂尔达皇后在阿宾登从冰上穿过泰晤士河的故事，给我留下如此深厚的印象，以至我在 18 岁那年穿过结冰的泰晤士河时仍感到战战兢兢，总感觉斯蒂芬国王就在我身后。[1] 我相信，没有一个 5 岁的男孩会对亚历山大的一生不感兴趣。哥伦布的故事或许更多地与地理有关而不是历史；我可以作证，不到 2 岁的孩子就会对他感兴趣，至少对于知道大海的孩子来说是这样。6 岁的孩子应该已经成熟到可以学习世界简史了，可以或多或少地阅读韦尔斯先生或房龙先生[2] 的书，对其进行必要的简化并配上图片，如果有可能，也可以通过观看电影来学习。如果孩子住在伦敦，可以带他

1　玛蒂尔达皇后是英国国王亨利一世的女儿，罗马帝国皇后，在亨利一世去世后，与亨利一世的外甥斯蒂芬为争夺英国王位进行了长达 20 年的内战。——译者注

2　赫伯特·乔治·韦尔斯（Herbert George Wells，1866—1946），英国著名小说家，著有《时间机器》和《世界史纲》等。亨德里克·威廉·房龙（Hendrik Willem Van Loon，1882—1944），荷裔美国人，著名学者，作家，著有《宽容》《人类的故事》和《文明的开端》等。——译者注

到自然历史博物馆参观奇异的猛兽；但在孩子10岁之前，我不会带他去大英博物馆。在教历史时必须注意，不要把我们自己感兴趣的那些方面强加给孩子，直到孩子成熟到足以理解它们。孩子最初会对两方面的东西感兴趣：一是人类的总体进化过程，如从地质时期进入人类时期，从野蛮人进化到文明人等；二是戏剧性讲述涉及某位富有同情心的英雄人物的历史事件。但我认为，我们应该牢记进步是缓慢而曲折的这一观念，将其作为指导思想，人类会不断受到自身从动物遗传而来的野蛮性的妨碍，但通过知识，我们会逐渐朝着掌握自己和环境的方向发展。这一观念具体说来就是，人类作为一个整体，同时与外部的混乱和内部的黑暗作斗争，理性这盏昏暗小灯逐渐变亮，终于变成一束强光，驱散了暗夜。不同种族、民族和信仰之间的分裂应该被视为蠢行，会妨碍我们集中精力去战胜混乱和纷争，而这应该是唯一真正的人类活动。

对于这个主题，我首先会给出一些例证，如果要讨论主题本身，也会放在后面讨论。我会展示野蛮人蜷缩在寒风中，啃食地上野果的情形；我会展示火的发现及其影响；与此相关，我会讲述普罗米修斯的故事；我会展示农业在尼罗河流域的发端，以及羊、牛和狗的驯化过程；我会展示船舶从独木舟到最大型轮船的发展过程，以及城市从穴居人的聚居地到伦敦和纽约等大都市的变迁；我会展示古希腊的短暂光辉、罗马的光彩四溢、随后的蒙昧黑暗以及科学的悄然诞生。所有这些内容，即使对每一个非常年幼的孩子来说，都能变得详尽有趣。我不会回避战争、迫害和暴行，但我不会对军事上的征服者表示赞赏。如果我教历史，真正的征服者应该是那些对驱除内部和外部黑暗做出贡献的人——佛陀、苏格拉底、阿基米德、伽利略和牛顿，以及所有帮助我们掌控自身或自然界的人。因此，我会树立高贵宏伟的人类使命感。如果我们回复到战争及其他蠢行中，就是背信弃义；如果我们为人类主宰地球增添了力量，就是忠实于使命。

在进入学校后的前几年，应该划出时间来学习舞蹈，除了舞蹈本身就是孩子们很大的乐事之外，还对身体和美感训练大有好处。集体舞应放在基本功之后教，这是幼儿容易理解的一种合作方式。同样的说法也适用于唱歌，不过它应该比舞蹈开始得稍微晚一些，一是因为它不能像舞蹈那样提供运动的乐趣，二是因为它的基础知识更难掌握。即便不是所有孩子都喜欢唱歌，大多数儿童也是喜欢的。在学会儿歌之后，他们应该学唱真正优美的歌曲。没有理由先破坏他们的品位然后再试图去提升品位，这样的做法最多使人故作风雅。

跟大人一样，孩子之间的音乐才能也差异巨大，因此，难度大的唱歌课程应该只为从高年级中挑出来的一部分孩子开设。而且对于这些孩子来说，唱歌也应当是出于自愿而非强迫。

文学教育是容易出错的事情。无论对年轻人还是对大人来说，熟悉文学知识，如知道诗人的生卒年月及其作品的名称等，是毫无用处的。所有能被编进手册里的东西都是没有价值的。有价值的是对一些经典文学作品极为熟悉——这种熟悉不仅能影响自己的写作风格，还能影响思维方式。过去，《圣经》为英国儿童提供了范例，而且它无疑对散文风格产生了有利影响；但现代儿童中很少有特别熟悉《圣经》的。我认为，如果不背诵，文学作品很难完全发挥它的作用。以前人们常提倡将背诵作为锻炼记忆力的方法，但心理学家已经表明，它在这方面即使不是全无用处，作用也微乎其微。现代教育者越来越不重视背诵。但我认为他们是错误的，不是因为背诵有助于改善记忆力，而是因为它对口语和写作的美化效果。这样的言辞应该是思想自然表达的结果，而不是刻意追求的结果；但要做到这一点，我相信在一个已经丧失基本审美冲动的社会，有必要培养一种习惯，而它只有靠熟知优秀的文学作品才能产生。这就是我认为背诵很重要的原因。

然而，单纯学习一些固定的只言片语，如“慈悲之心”

和“世界是一个舞台”等，对于大多数孩子而言显得乏味和做作，从而达不到背诵的目的。将背诵和表演结合起来要好得多，因为每个孩子都喜欢表演，而背诵就会成为表演的必要手段。从 3 岁起，孩子就喜欢角色扮演，他们的表演纯粹是出乎本性，但如果教给他们更为精巧的表演方式，他们会欣喜若狂。我记得自己表演布鲁图斯和卡修斯发生争吵的一幕时那种强烈的喜悦。当时我慷慨激昂地说：

我宁愿做一条吠月的犬，
也不愿做这样的罗马人。

表演《尤利乌斯·凯撒》《威尼斯商人》或其他合适剧目的孩子，不仅能了解他们自己扮演的角色，也能了解大部分其他角色。剧情将长久萦绕在他们脑海里，让他们回味无穷。毕竟，优秀文学作品的宗旨就是怡情悦性，如果孩子不能从中获得乐趣，也就几乎不可能从中获益。由于这些原因，我会将孩子早期的文学教育限于学习角色扮演。余下的任务应该是孩子自愿阅读优秀的故事书，这些书可以从学校图书馆借到。现在，给孩子看的读物充满愚蠢的煽情，不把孩子当回事，这是对他们的侮辱。这些作品与《鲁滨逊漂流记》的严肃态度形成鲜明对照。无论是对待儿童还是其他事情，煽情都是极度缺乏同情心的表现。没有哪个孩子会认为孩子气是可爱的，他们希望能尽早学会和成人一样的举手投足。因此，儿童读物绝不能用幼稚的方式表现一种居高临下的愉悦。许多现代儿童读物愚蠢地故作姿态，令人作呕。它们要么使孩子感到不快，要么让孩子在心性发展方面感到迷茫。因此，最好的儿童书籍是那些面向成年读者但碰巧适合孩子阅读的作品。唯一的例外是那些写给孩子们但成年人读起来也兴致盎然的书，如利尔和路易斯·卡罗尔的作品。

现代语言[3]的教育不是一个能轻松解决的问题。童年时期学会讲一门流利的现代语言是做得到的，但是大了就不可能做到了。因此，如果有条件的话，我们有充足的理由在孩子年幼时教他们学习语言。有些人似乎担心，过早地学习外语会影响对母语的学习。我不相信这种说法。托尔斯泰和屠格涅夫虽然在幼时学过英语、法语和德语，他们的俄语水平仍相当出色。吉本（Edward Gibbon）的法语写作与英文一样流畅，但这并未破坏他的英文风格。在整个18世纪，所有英国

3　指作为学校课程学习的法、德、俄等欧洲国家的近代语言。——译者注

贵族年少时都要照例学习法语，许多人还学习意大利语，但他们的英语远比他们的现代后裔好。孩子强烈的本能使他不会将一种语言与另外一种混淆，只要他是对不同的人说不同的语言。我在学英语的同时还学德语，一直到 10 岁之前都用德语与保姆和家教交谈；后来我又学了法语，用法语和家教交谈。不管是德语还是法语，都没有跟英语混淆，因为交谈的对象不同。我认为，如果要教一门现代语言，应该让以它为母语的人来教，不仅因为教学效果更好，也因为比起用外语跟母语相同的人交谈，孩子用外语跟外国人交谈时不会觉得那么做作。因此我认为，每所学校都应该有一位讲法语的女教师，有可能的话还要有一名讲德语的女教师。除了在最开始的时候，她们教孩子语言的时候不能太正式，而应该跟他们一起做游戏，与他们交谈，让游戏的胜负取决于他们对交谈的理解和回答。开始可以玩“两只老虎”和“在亚维农的桥上”，而后逐步玩更复杂的游戏。用这种方式，不用太费脑筋就能学会这门语言，而且充满了表演游戏的乐趣。而且跟以后的任何时期相比，孩子在此时可以更完美地掌握语言，节约宝贵的教育时间。

数学和科学的教育应该要等到本章所谈到的年龄段的最后几年，比如 12 岁，才能开始。当然，我假定孩子已经学过算术，而且已经喜欢谈论天文学和地理、史前动物、著名探险家，以及诸如此类他们自然产生兴趣的话题。不过，我现在要讨论的是正式教学——几何与代数，物理和化学。有些孩子喜欢几何与代数，但大多数学生不喜欢。我怀疑这是否应完全归咎于教学方法不当。对数学的意识就像音乐才能一样，主要是一种天赋，我相信，拥有天赋的人——哪怕只是中等程度的天赋——十分稀少。尽管如此，所有孩子都应该接触数学，以便发现具有数学天赋的学生。而且，即使那些学得很少的孩子，了解数学这个学科就能让他们受益。只要有好的教学方法，几乎每个孩子都能理解几何的基础知识。但对代数我不敢这样说，它比几何更抽象，对那些不能离开具体形象去思考的人来说根本无法理解。如果教学得法，具有物理和化学意识的人也许不像具有数学意识的人那样少，不过在年轻人当中依然是少数。12 岁到 14 岁期间，数学和科学教育应该追求这样的程度，看清孩子是否具有相应的天赋。当然，这不是立刻就能显现的。起初我讨厌代数，不过后来我在这方面显露了一些能力。在有些情况下，孩子到了 14 岁仍难以断定是否有才能。那么，还应该在一段时间内继续采用试验性方法。但在大多数情况下，孩子到了 14 岁时就可以得出明确的结论了。有些孩子肯定会喜欢并擅长这些学科，另外一些孩子则会讨厌这些学科并且学不好。一个聪明的学生讨厌这些学科，或者一个愚钝的学生喜欢它们，这样的现象极少。

关于数学和科学教学的原则同样适用于古典学科。我认为，12 岁到 14 岁期间的拉丁文教学，应该只推进到足以发现哪些孩子喜欢这门学科，并且有这方面的才能。到了 14 岁，应该根据学生的爱好和天赋，开始或多或少实施专业化的教育。在此之前的最后几年，教学的目的应该是找出孩子以后最合适的学科。

在整个学校教育期间，户外活动的教育应该持续进行。对富裕家庭的子女来说，这个任务可以交给他们的父母，但对其他孩子来说，学校必须肩负部分任务。我说的户外活动教育并不是指游戏。游戏当然具有重要性，这点已经得到充分认识，但我考虑的是另外的东西：对农业生产过程的了解、对动物和植物的熟悉、园艺技能、在乡间进行观察的习惯，诸如此类。我惊讶地发现，在城镇长大的人很少看得懂指南针的方向，从不知道日出日落的轨迹，从来找不到房屋的背风面，甚至普遍缺乏牛和羊都具备的知识。这是一直只在城镇生活的结果。如果我说这是工党不能在农村选区获胜的原因之一，人们也许会觉得我古怪。但这肯定是城里人与一切原始而根本的事物如此彻底脱节的原因。这也与他们琐碎、肤浅、轻率的人生态度有关——当然并非始终如此，但十分频繁。季节与气候、播种与收获、作物与牲畜，在人类生活中都具有一定的重要性，如果我们不想让自己与大地母亲彻底分离的话，那么每个人都应该亲近并熟悉这些事物。所有这些知识，孩子都可以在户外活动中获得。户外活动对健康也极为宝贵，仅仅因为这个原因就值得提倡。城里的孩子到乡村时表现出来的那种快乐，表明一种深切的需求得到了满足。只要这种需求不能得到满足，我们的教育体制就是不完整的。

第十六章

学校的最后几年

在 15 岁那年的暑假过后，我可以假定，希望接受专业化教育的孩子已如愿以偿，而且大部分孩子都是如此。但如果孩子的偏好还没有明确，最好延长其接受全面教育的时间。如果孩子在某个学科表现优异，专业化教育可以提前。教育中的所有规则都应该可以因特殊理由而打破。但我认为，作为一般规则，智力在平均水平以上的学生应该在 14 岁左右开始接受专业化教育，而在平均水平之下的学生，通常来说完全不应该在学校接受专业化教育，职业训练除外。在这本书里，我不打算对这一话题谈任何看法。但我相信专业化教育不应该在 14 岁之前开始，而且我认为，即使到了 14 岁，专业化教育也不应该占据学生的全部在校时间。我不打算讨论它应该占用多少时间，或者接受这种教育的应该是全部学生还是部分学生。这些问题会引发与教育只有间接关系的经济问题和政治问题，这些问题无法简单讨论。因此，我在这里只限于讨论 14 岁以后的学校教育。

我会把学校课程分为三大类:（1）古典文化学科,（2）数学和科学,（3）现代人文学科。最后一类应包括现代语言、历史和文学。在每个分类中，学生在从毕业之前，或许有可能进一步专业化，但我判断这种情况在 18 岁以前不会出现。显然，选择古典文化学科的学生都必须学习拉丁语和希腊语，但有些人可能侧重其中一种，有些人侧重另一种。数学和科学在开始时应该一起学，但在某些科学学科中，可能不必掌握太多数学知识也能出类拔萃，事实上不少著名科学家的数学很糟糕。因此，到了 16 岁，我会允许学生在不完全忽视另一门的情况下专攻科学或专攻数学。类似的原则也适用于现代人文学科。

有些学科具有重大的实用价值，所有学生都必须接受教育。我认为其中应包括解剖学、生理学和卫生学，达到能满足成年人日常生活所需的程度就可以。但也许这些科目的教学应该在更早的阶段开始，因为它们自然地与性教育相联系，而性教育应该尽可能在青春期之前进行。反对过早开始这些科目教学的理由是，不应该在用到这些知识之前就把它们忘记。我认为，唯一的办法是分两次教：第一次在青春期之前，非常简单地讲授最基本的概要；第二次在青春期之后，结合健康和疾病的基础知识来讲授。我认为，每个学生都应该对议会和宪法有所了解，但必须小心不要让这方面的教育沦为政治宣传。

比课程内容更重要的是教学方法和教学精神的问题。这方面的主要问题是如何做到生动有趣而不过于简化。在进行精确而详尽的研究时，应该用与研究主题相关的书籍和讲座来加以补充。在开始研究希腊戏剧之前，应该让学生阅读吉尔伯特·默里（Gilbert Murray）或其他有诗歌禀赋的翻译家的译本。数学的教学形式应该多样化，偶尔举办讲座介绍数学的发现史，以及数学某个方面的知识对科学和日常生活的影响，同时不忘暗示学生，高等数学中有很多令人愉快的内容等待他们去发现。同样，对历史的详尽研究应该用精彩的概论来补充，即便这些概论包含了值得怀疑的总结性结论。应该告诉学生这些结论值得怀疑，鼓励他们思考自己所做的详尽研究，为这些结论提供了支持还是反对的论据。科学方面，最好读一下概述近来科学研究的通俗书籍，以便了解为特定事实和规律服务的具有普遍性的科学目标。所有这些对促进精确和细致的研究是有益的，但如果用来取代后者则是有害的。绝不能让学生觉得知识有捷径可循。这是现代教育中实实在在的危险，是人们抵制旧式严苛教育的一个结果。旧式教育中涉及的脑力工作是好的，但这种教育对理智兴趣的扼杀是坏的。我们必须努力保持勤奋的态度，但应采用有别于旧式惩戒手段的新方法。我不相信做不到。在美国可以看到，那些在大学本科时闲散懒惰的人，进了法学院或医学院之后就发奋努力，因为他们终于开始攻读他们认为重要的科目了。这就是问题的本质：让学生感到学业的重要性，他们就会变得勤奋。但如果让学习变得过于容易，他们几乎凭直觉就会知道，你给予他们的东西并不是真的值得拥有。聪明的孩子喜欢用难题来测试自己的头脑。如果教育有方并消除恐惧，许多现在看似愚笨而懒散的孩子，都可以成为聪明的孩子。

在整个教育期间，应该尽可能地让学生发挥主动性。蒙台梭利女士已经展示了如何让非常年幼的孩子做到这一点，但对大一些的孩子，需要采用不同的方法。我认为，进步的教育家们已普遍认识到，与惯常的做法相比，应该大大增加需要独立完成的作业，同时大大减少需要班级集体完成的作业。不过需要独立完成的作业，应该让孩子与其他有同样作业的孩子在一个房间里完成。图书馆和实验室应当充足，而且宽敞。在校日应该分出相当一部分时间让学生进行自主学习，但学生应该记录学习内容，写摘要概述所获得的信息。这有助于纠正记忆偏差，明确阅读目标，不至于阅读时漫不经心，使教师能进行有针对性的恰当指导。学生越聪明，就越用不着指导，对于那些不太聪明的学生，有必要给予大量指导。但即使是对这类学生，也应该通过提示、询问和激励的方式进行指导，而不是命令的方式。不过，还应该有一些老师指定的主题，让学生练习查找与主题相关的事实，并将其井井有条地表述出来。

在日常课程之外，应当鼓励学生关注当前存在分歧的重要政治、社会甚至神学问题。应该鼓励他们了解争论中各方的意见，而不只是正统一方的意见。如果任何一名学生强烈地支持某一方，就应该告诉他们如何找出支持他们观点的事实，并准备与持相反观点的学生进行辩论。为了寻求真相而进行的严肃辩论极有价值。在辩论中，教师要学会不偏袒某一方，即使他或她对某个观点有强烈的信念。如果几乎所有学生都支持一方，教师就应该站在对立方，并说明这是出于辩论的目的。或者，他应该将自己的角色限于纠正事实错误。通过这些方式，学生就能学会将讨论作为寻求真相的手段，而不是一场口才比赛。

如果我是一所面向高年级学生的学校负责人，我会认为，回避时事问题和利用它们进行政治宣传都不可取。使学生觉得他们的教育是在培养他们处理社会焦点问题的能力，这是件好事，这会让他们感到学校教育没有与现实世界脱节。但我不会把自己的观点强加给学生。我会为他们树立用科学态度对待现实问题的典范。我期望他们拿出的论据是真正的论据，拿出的事实是真正的事实。这种习惯在政治上既可贵又少见。所有狂热的政治党派都会用各种迷思编织成一个外壳，让它的思想在里面安睡。激情常常扼杀理智，相反，在知识分子身上，理智也时常扼杀激情。我的目标是同时避免这两种不幸。激情是可取的，只要它没有破坏性；同样，理智是可取的，只要它没有破坏性。我希望至关重要的政治激情是建设性的，并会致力于让理智服务于这些激情。但理智为激情的服务必须是真实的、客观的，而不能仅仅在梦想的世界里为其服务。当现实世界不足以令人满意，我们往往都会躲进一个想象的世界，我们的愿望在那里无须多大努力就能满足。这是癔症的本质。它也是民族主义、神学及阶级迷思的根源。它体现了当今世界几乎普遍存在的一种人性弱点。克服这种弱点应该是学校教育后期的目标之一。有两种克服弱点的办法，它们都是必要的，不过在某种意义上来说是彼此相反的。

一种是提高对我们在现实世界中能做到什么程度的判断力，另一种是更加敏锐地认识到现实能在多大程度上打破我们的幻想。两者都包含在要客观而不要主观地生活这一原则之中。

主观性的典型例子是堂吉诃德。他第一次做一个头盔时，对它的抗打击能力进行了测试，头盔在打击下变了形；第二次做的头盔他没有测试，但“认定”它是个结实的头盔。这种“认定”的习惯主宰了他的一生。但是，所有拒绝面对不愉快事实的举动都具有这种性质：我们都是堂吉诃德，只是程度不同。假如堂吉诃德在学校里学过制作真正的好头盔，并且如果他的同伴都拒绝“认定”他愿意相信的东西，他就不会如此行事。生活在幻想中的习惯在幼儿时期是正常且恰当的，因为幼儿的软弱无能不是病态。但随着成人生活的到来，他们必须越来越清晰地认知到，只有迟早能够转变成现实的梦想才有价值。男孩们很善于揭穿其他男孩纯粹的个人臆想，在学校里，孩子们对于自己在同伴中的地位很难抱有幻想。但是，制造迷思的本领在其他方面仍然活跃，并且常常得到了教师的配合。自己的学校是世界上最好的学校；自己的国家永远正确、永远是胜利者；自己的社会阶层（如果自己是富人）比任何其他阶层都优越。所有这些都是不可取的迷思。它们使我们“认定”自己有一个好头盔，而实际上某个人的长剑可以将其劈成两半。它们就是这样助长了懒惰，最终将人们引向灾难。

要矫正这种思考习惯，必须像在其他许多情形中一样，以对不幸事件的理性预测来取代恐惧。恐惧让人们不愿面对真实的危险。一个主观臆想的人如果在半夜听到有人喊“着火了”而惊醒，可能会认定失火的是邻居家的房子，因为实际情况会过于可怕，他可能因此失去转瞬即逝的逃生机会。当然，这种情况只会在病态的事例中出现，但在政治上，类似的行为却司空见惯。在所有只有通过思考才能发现正确方法的情形中，恐惧的情绪是灾难性的，因此，我们希望能够预见可能发生的不幸而不心生恐惧，并运用我们的智力以避免并非不可避免的不幸。对于无可避免的不幸，必须用十足的勇气来面对，但这不是我现在讨论的话题。

我不想重复我在前面一个章节中讨论恐惧时说过的话，这里我只关注智力领域内阻碍诚实思考的恐惧。在这一领域内，年轻之时比以后更容易克服恐惧，因为孩子由于改变观念而遭遇重大不幸的可能性要小于成年人，后者的生活建立在某些假定的基础之上。因此，我会鼓励高年级的学生养成理性争论的习惯，即使他们质疑我认可的重要真理，我也不会给他们设置障碍。我会把教导学生思考作为目标，而不是教给他们正统做法，当然更不是异端邪说。我绝不会为了臆想的道德利益而牺牲理性。人们普遍认为，传授美德需要灌输谎言。在政治上，我们掩盖本党派知名政治家的丑恶。在宗教上，如果我们是天主教徒，就会隐瞒教皇的罪过；如果我们是新教徒，就会隐藏路德和加尔文的罪过。在性的问题上，我们在年轻人面前假装贞操比现实更加普遍地存在。在所有国家，甚至成年人都不允许知道警察认为不好的事实；在英国，审查员不允许戏剧忠实于生活，因为他们认为，民众只有在哄骗下才能获得美德。所有这些态度都暗示着某种弱化。让我们知道真相，不管真相是什么，然后我们才能理性地行动。掌权的人要对受他控制的人隐瞒真相，以便前者可以误导后者对自身利益的看法，这是可以理解的。让人难以理解的是，在民主国家，公众也自愿制定旨在阻止他们自己知道真相的法律。这是集体堂吉诃德主义：他们决心不让别人告诉他们，头盔没有他们希望相信的那样好。这种可悲的恐惧是自由的人不会拥有的。在我的学校里，不应该存在任何获取知识的障碍。我要通过对激情和本能的正确训练来寻求美德，而不是通过谎言和欺骗。在我渴望的美德中，不怀恐惧而且不受限制地追求知识是一个不可或缺的因素，没有它，美德的其余部分也没有多少价值。

我实际上说的是应该培养科学精神。许多杰出的科学家，在他们的专业领域之外也缺乏这种精神，我要努力使这种精神无处不在。科学精神首先要求有发现真理的愿望，这种愿望越迫切越好。此外，它包括一些智力方面的品质。必须先有怀疑精神，然后必须有根据证据做出决定的精神。绝不能事先想象我们已经知道证据将会证明什么。我们也绝不能满足于一种懒惰的怀疑主义：认为客观真理是无法得到的，所有证据都不是结论性的。我们应该承认，即使是我们最有根据的那些信念，或许也需要进行部分修正；但就人们力所能及能达到的程度而言，真理是一个相对程度问题。我们对物理学的信仰，肯定比伽利略之前的时代错误更少。我们对儿童心理学的信仰肯定比阿诺德博士的信仰更接近真理。在每个例子中，进步都来自用观察取代先入之见和激情。正是为了做到这一步，事先的怀疑才如此重要。因此，必须教会学生这一点，并教他们整理证据所需的技能。在一个相互敌对的宣传家们不断用谎言向我们狂轰滥炸、劝诱我们用药丸毒害自己或者用毒气相互毒害的世界，这种批判性的思考习惯无比重要。轻信那些不断重复的断言，是现代世界的一个祸患之源，对此学校应该尽其所能加以防范。

在最后几学年，甚至更早一些的时候，学生应该比之前更具有智力冒险的意识。学生完成规定的任务后，应该给他们提供机会去发现他们兴趣浓厚的事物，因此规定的任务不应过于繁重。学生应该受到表扬时就必须表扬，学生的错误虽然必须指出，但不能斥责。绝不能让学生因资质愚钝而感到羞耻。教育的一个巨大动力是让学生感到有成功的希望。让学生感到厌烦的知识没有什么用处，他们热切吸收的知识将成为永久的财富。让知识与现实生活的关系在你的学生眼里变得显而易见，并让他们懂得知识如何改变世界。让教师在学生眼中永远是他们的朋友，而不是天敌。只要在人生早期受过良好的训练，这些箴言足以让获得知识成为大多数孩子的快乐。

第十七章

走读学校和寄宿学校

在我看来，孩子应该进寄宿学校还是走读学校，必须根据具体环境和孩子的性情来决定。两种体制都有各自的优点，有些情况下一种体制的优点更多，而在其他情况下另一种体制的优点更多。在这一章里，我打算提出一些会影响我孩子择校决定的因素，而且我认为，这些因素可能也会影响其他负责任父母的决定。

首先是健康因素。不管实际学校的具体情况如何，显然学校能够在这方面做得比大多数家庭更科学和仔细，因为它们能雇佣掌握最新知识的大夫、牙医和校舍总管，相比之下，忙碌的家长在医学方面的知识没有这么广博。而且，学校可以设在有利于健康的地区。对于那些居住在大城镇的人来说，光是这个理由就为选择寄宿学校提供了非常有力的支持。让年轻人大部分时间生活在乡下，显然好处更多，因此，如果他们的父母必须住在城里，那么将孩子送到乡下上学是可取的。也许不久之后这个理由就没有这么有力了：例如，伦敦的健康条件正在稳步改善，而且人工紫外线的运用或许能使它达到乡下的健康水准。但是，即使城镇的发病率能降到像乡下那样低，仍会存在相当大的精神压力。持续不停的噪音对孩子和成年人都有害；宜人的田园风光、潮湿的泥土气息、扑面的清风和璀璨的星星，应当铭刻在每个人的记忆里。因此我认为，无论城市的健康条件如何改善，一年中大部分时间生活在乡下对年轻人来说仍然很重要。

另一个支持选择寄宿学校的理由是能节省走读的往返时间，不过这个理由次要一些。大多数人的住地附近没有真正出色的走读学校，孩子上学可能要走很远的路。这个理由对乡下居民来说最为重要，就像另一个理由对城镇居民最为重要一样。

如果人们希望尝试对教育方法进行改革，那几乎必然会先在寄宿学校进行试验，因为相信改革的家长不太可能都居住在同一小片区域。这一点不适用于婴幼儿，因为他们并不完全在教育当局的管辖之下，因此，蒙台梭利女士和麦克米伦小姐能在穷孩子身上试验她们的教学方法。相反，在公认的学校教育期间，只有富人才能获准尝试对他们的孩子进行教育试验。他们中多数人很自然地会偏爱旧式的常规教育，希望尝试其他教育方式的少数人则住得很分散，不管在哪里都不足以建立一所走读学校。像贝德尔斯学校一样的教育试验只能在寄宿学校里进行。

但是，支持选择走读学校的理由也非常充分。在学校，生活的许多方面都得不到展现：学校是一个人造的世界，那里的问题不是真实世界里的问题。一个只在假期回家的男孩，会得到家人过度的关怀，他获得的生活知识可能比一个每天早晚都在家的男孩要少得多。目前，对女孩来说，这种情况不是那么普遍，因为很多家庭要求女孩做更多的家务；但随着她们的教育越来越跟男孩同化，她们的家庭生活也将变得跟男孩相似，她们目前比男孩多的家务知识也将消失。在 15 岁或 16 岁之后，让孩子分担父母的一些日常事务和忧虑是有好处的——当然不应分担太多，因为那会干扰他们的教育，但仍然要分担一部分，以免他们认识不到大人也有他们自己的生活、自己的兴趣和自己的价值。在学校，只有年轻人才重要，所做的一切都是为了他们。在假期，家庭的氛围往往又是以年轻人为主。结果，他们往往变得傲慢和冷酷，对大人生活中面临的问题一无所知，并对父母很冷漠。

这种状况往往会对年轻人的情感产生不良影响。他们对父母的爱会逐渐减弱，并且他们从来想不到要学习调整自己，以适应那些爱好和追求与自己不同的人。我认为这容易导致某种自私的圆满（selfish completeness），即觉得自己的世界就是整个世界。家庭能最自然地纠正这种倾向，因为它是由不同年龄和性别的人组成的单位，每个人的职责也各不相同；它是一个有机体，其运作方式不同于由同质个体组成的集体。父母对孩子的爱很大程度上体现在给孩子找麻烦，如果父母不给孩子找一点麻烦，孩子就不会把他们放在心上。但是父母找麻烦必须是合理的：如果他们还要做自己的工作，过自己的生活，那么他们应该只在必要的时候才给孩子找麻烦。尊重他人的权利是年轻人应该学习的事情之一，这一点在家里比在其他地方更容易学到。让孩子了解到焦虑也会让父亲不堪其扰，琐事也会让母亲精疲力竭，这对他们是有好处的。孩子在青春期仍保持对父母的孝心也是有益的。一个缺乏亲情的世界会变得残酷而呆板，人们都试图独断专行，做不到就变得卑躬屈膝。我担心这些后果在一定程度上是由于把孩子送进寄宿学校造成的，它们的严重性足以抵消寄宿学校的突出优点。

现代心理学家坚持认为，父亲或母亲对孩子的过分影响非常有害，当然这是符合实际的。但如果像我建议他们应该做的那样，让孩子从 2 岁或 3 岁起就去学校，那么我相信这种情况不大可能出现。在我看来，孩子很小就上走读学校，是在父母影响无处不在和父母作用微不足道两种情形之间的恰当平衡。鉴于刚才提到的一系列考虑，这种做法显然是最好的，前提是孩子有一个美满的家庭。

对于生性敏感的男孩来说，将他们置身于一个全部由男孩组成的群体里有一定的危险。在大多数情况下，12 岁左右的男孩正处于举止粗鲁、情感麻木的阶段。就在最近，在英国一所著名的学校里，一个男孩因为同情工党而被打成重伤。那些和一般人看法和品位不同的男孩可能会受到严重伤害。即便是在迄今最现代、最进步的寄宿学校里，在布尔战争期间，那些亲布尔人的学生日子也相当难熬。任何喜欢阅读或不讨厌学习的男孩，几乎肯定会受到不公平对待。在法国，最聪明的男孩都去读高等师范学院，不再和一般男孩混在一起。这种做法确有其益处。它可以防止那些高智商的孩子神经崩溃，对平庸之辈胁肩谄笑，就像在英国经常发生的情况一样。它能避免一个不受欢迎的男孩必然会遭受的压力和痛苦；它能使聪明的男孩得到适合他们的教育，其进度要比资质普通的孩子所接受的教育进度快得多。另一方面，这种做法也会使这些才智过人的孩子在日后的生活中与社会普通公众隔绝，可能会使他们对普通人缺乏理解。尽管有这种潜在的缺点，我认为它总体上还是优于英国上层阶级的惯常做法，即折磨那些拥有超凡头脑或杰出品德的男孩，除非他们碰巧也擅长游戏。[1]

不过，男孩的粗鲁并不是无可救药，而且事实上现在已经比过去更为少见了。《汤姆·布朗的求学时代》描述了一幅黑暗的图景，如果用它来描述我们现在的公立学校就显得过于夸张。对于已经接受本书讲过的早期训练的男孩，这些描述就更不符合事实了。我还认为，男女同校可能会对男孩产生开化的作用，正如贝德尔斯学校所显示的，男女同校在寄宿学校是可能做到的。对于两性之间先天差异的问题，我持谨慎态度，但我认为，女孩不太会像男孩一样用暴力欺负与她们不同的人。但是现在，如果一个男孩在智力、品德或敏感这些品质上超出常人，或者如果他在政治上不持保守观点、在神学上不持正统信仰，可以让我放心大胆地送他去学习的

1　《奥谢》一书第 14 章精辟阐明了支持将聪明的学生与普通学生隔离开来的理由。

寄宿学校寥寥无几。对于这样的男孩，我深信现在为富家子弟设立的学校体系是有害的。而且，在这些男孩当中，几乎包括了所有具备优异品质的人。

在以上支持与反对寄宿学校的所有因素中，只有两个因素不可或缺并且不可改变，而且彼此对立。一方面是美丽乡村、清新空气和广阔空间的好处，另一方面是亲情和从对家庭责任的了解中获得的教育。对于住在乡下的父母，还有一个支持寄宿学校的理由，那就是他们住所周边不大可能有一所真正出色的走读学校。鉴于这些因素相互冲突，我认为不可能得出任何一般性结论。如果孩子身体强壮且充满活力，对健康因素的考虑就不必太认真，支持寄宿学校的理由就少了一个。如果孩子非常依恋父母，支持走读学校的理由就少了一个，因为假期就能够使亲情得以保持，学期时间正好可以防止这种情感变得过分。才智超群而生性敏感的儿童最好不要读寄宿学校，在极端情形下最好不在学校受教。当然，一所好学校要胜过一个坏家庭，一个好家庭要胜过一所坏学校。如果两者都不错，就得根据具体情况来权衡。

到目前为止，我都是站在富裕家长的立场来写的，对他们来说，个人选择是可能的。如果站在社会的角度从政治上考虑这一问题，就涉及其他一些因素。一方面是寄宿学校的费用问题，另一方面，如果孩子不在家里住，可以减少住房的问题。我坚信，除了极少数情形，每个人都应当接受学校教育直至18岁，专门的职业培训应当在这个年纪之后才开始。尽管就我们现在的话题来看，走读还是寄宿，两方面都可以找到很多理由，但对于大多数工薪家庭的孩子来说，这一选择将在未来很长一段时期内依赖于经济因素，而这个因素支持选择走读学校。虽然这不是出于教育方面的理由而作出的决定，但也没有明显的理由表明这样选择是错误的，因而我们可以接受这种选择。

第十八章

大 学

在前面各章，我们已经讨论了品质教育和知识教育，在一个好的社会系统中，这种教育应该向所有人开放，而且事实上应该让每一个人享有，除非有非常特别的原因，如音乐天才（假如莫扎特被迫学习普通学校课程直到 18 岁，那将是不幸的）。但我认为，即使在一个理想的社会也会有很多人上不了大学。我相信，现在只有少数人能从延长到 21 岁或者 22 岁的学校教育中获益。现在各个老牌大学里充斥着无所事事的富家子弟，显然他们之中的大部分人不能从教育中获益，而只是养成生活放荡的习惯。因此我们不得不问一个问题，那就该是用什么原则来选择应该上大学的人。目前能够上大学的人主要是因其家长能负担得起，虽然这种选择标准正在因奖学金制度而得到越来越多的修正。显而易见，选拔的标准应该是教育方面的，而不是经济上的。已经受过良好学校教育的男女青年在18岁的时候，已拥有从事有用工作的能力。如果他们还要学3年或者4年再去工作，社会就有权期望他们有效利用这段时期。但是在决定谁应该上大学之前，我们必须对大学在社会生活中的作用有所了解。

英国的大学经历了三个阶段，不过第二个阶段尚未被第三个阶段完全取代。起初它们是神职人员的培训学院，在中世纪，接受教育的几乎完全限于神职人员。然后，随着文艺复兴运动的兴起，经济宽裕的人应该接受教育的观点越来越为人们所接受，不过女性被认为无须像男性一样接受那么多的教育。在整个17世纪到19世纪期间，英国的大学提供“绅士教育”，并且牛津大学至今仍在提供这种教育。由于我们在第一章讨论过的那些原因，这种曾经非常有用的理想，如今已经过时，它依赖于贵族政体，在一个民主政体或财阀统治下的国家不可能取得成功。如果要建立贵族政体，那么它最好由受过教育的绅士组成，但不实行贵族政体更好。我不需要讨论这个问题，因为在英国，它已经因为《改革法案》（*Reform Bill*）的颁布和《谷物法》（*Corn Laws*）的废除而得到解决；在美国，独立战争解决了这个问题。确实，英国还保留了贵族政体的不少形式，但它的精神已经是财阀政体的精神，这是完全不同的。势利的成功商人将他们的孩子送到牛津大学，希望将他们教育成“绅士”，结果却是他们的子女厌恶经商，以至重新沦落到相对贫困中，不得不自食其力。因此，“绅士教育”不再是我们国民生活中的一个重要部分，在考虑未来的教育之时可以忽略它。

因而，大学正在回归到类似于在中世纪时候的地位，它们正在成为培养专业人士的学校。律师、牧师和医生通常都受过大学教育，高级公务员也是如此。越来越多的工程师和各行业的技术人员都受过大学教育。随着世界变得越来越复杂，工业变得越来越科学，需要的专业人士也越来越多，他们主要由大学输送。守旧的人为技术学校入侵纯粹的学术领地而扼腕叹息，但是这种趋势仍在继续，因为这是财阀坚持要求的，他们才不关心什么“文化”。他们才是纯粹学术的敌人，而不是民主政体的反叛者。“无用”的学问，就像“为艺术而学艺术”一样，是贵族的理想，不是财阀的理想；如果它在某些地方还有所残留的话，那是因为文艺复兴的传统还没有完全消亡。我为这种理想的衰落深感遗憾，纯粹学术是与贵族政体相关的最好的事物之一。但是贵族政体的弊端是如此之多，以至于轻易就压制了这个优点。无论如何，工业主义必定会消灭贵族政体，不管我们是否情愿。因此，我们不妨下定决心，将纯粹学术与更有影响力的概念结合起来，尽力去加以挽救。如果只是坚守传统，我们将必败无疑。如果纯粹学术要继续成为大学的目标之一，它就必须与整个社会的生活相联系，不能只是少数悠闲绅士追求的优雅乐趣。我认为不关乎利益的学术极为重要，并希望能看到它在大学生活中的地位越来越高，而不是受到削弱。在英国和美国，导致纯粹学术的地位不断下降的主要力量，是从无知的富豪那里获得捐款的愿望。根治之道在于建立一个有教养的民主政体，并愿意将公共资金投到工业领袖无法理解的目标上。这绝对不是做不到的事，但它需要教育水平的总体提高。如果我们的学者能够更经常地摆脱对富人钻营拍马的态度，这将对问题的解决大有裨益。曾经有一段时期，赞助人是他们自然的生计来源，他们的态度就是从那个时期遗留下来的。当然，人们可能会混淆学术与学者。举一个纯粹假想的例子，一位学者可能通过教授酿酒技术而不是有机化学来改善他的经济状况；他从中得益，但学术因之受损。如果这位学者对学术的热爱更真诚，他就不会在政治上与赞助设立酿造教授职位的酿造商站在一起。而如果他站在民主政体一边，民主政体就会更乐于看到他的学术价值。出于所有这些原因，我希望看到学术机构的发展能依靠公共资金而不是富人捐助。美国的这个弊端比英国更显著，但英国也存在，而且可能有所增强。

抛开这些政治因素，我认为大学的存在有两个目的：一方面，为某些行业培养人才；另一方面，追求学术和研究而不用考虑它们当下的实用性。因此，我们希望在大学看到的是那些准备从事相关职业的人，以及那些有特殊能力可以为学术和研究做贡献的人。但是这些本身并不足以决定我们应该如何为行业选拔人才。

现在要进入法律或者医学行业非常难，除非父母有足够的钱，因为法律和医学的教育非常昂贵，而且刚工作的时候收入不多。其后果是，学校基于社会方面和世袭方面的原则进行选拔，而不是基于是否适合工作。以医学为例，一个希望提供有效医疗的社会应该选择那些展示出最强烈的热诚和最出色才干的年轻人从事这一行业。目前，这个原则只部分得到了执行，从那些能够负担得起学费的人当中进行选拔；但是很多非常有可能成为最好的医生的人，却因为太穷而无法接受医学教育。这给教育造成了可悲的人才浪费。让我们再举一个稍微不同的例子。英国是一个人口非常密集的国家，大部分食品都需要进口。从许多方面来看，尤其是战时的安全因素，如果更多的食品能够在国内生产，将大有益处。但是我们没有采取任何措施，确保非常有限的土地得到充分耕种。农场主的选定主要通过世袭：一般来说，他们是农场主的儿子。其余的是已经购买农场的人，这意味着他们有资本，但是不一定具备农作技巧。人们都知道丹麦的农作方法比我们更高产，但是我们没有想办法让农场主掌握这些方法。我们应该坚持要求，凡是获准耕种较大面积的农场主，必须拥有农业科学方面的证书，就像司机必须有驾照一样。世袭原则在政府部门中已被废除，但是在生活的许多其他领域中仍然保留了下来。世袭制存在的地方，会导致效率低下，就像以前在公共事务中那样。我们必须用两条相关的原则来取代世袭制：第一，凡是没有掌握必要技能的人都不应该被允许从事重要工作；第二，这些技能的教育应该面向最有才干的有志者，而不考虑他们父母的经济状况。显然，这两条原则将会极大地提高效率。

因此，大学教育应该看作是特殊人才的专利，那些拥有技能但是没有钱的人，应该由公共经费来资助他们学习。只有通过能力测试的人才应该被录取，只有经教育部门认定的那些能有效利用时间的人，才可以继续留在学校学习。认为大学是供富家子弟虚度三四年光阴的休闲场所的看法，正在逐渐消亡，但是就像查理二世[1]的死一样，现在还没有到新观念确立的时候。

当我说大学里的青年人不应该无所事事的时候，我必须马上再补充一条：对学业的考查，绝不能机械地看它是否符合章程。在英国和美国新建的大学里，有一种令人遗憾的倾向，就是要求学生参加无数的讲座。在蒙台梭利学校，支持幼儿进行独立活动的理由非常充足，那么对20岁的年轻人来说，这些理由就更加充分，尤其是当我们假定他们具备热忱的态度和出色的才干之时。在我读大学的时候，我和我多数的朋友都觉得听讲座纯粹是浪费时间。无疑这话有点夸张，但并不过分。举办讲座的真正原因是它们是显而易见的工作，因此商人愿意为此付钱。如果大学老师采用最好的教学方法，商人会认为他们无所事事，从而会坚持要求裁减教职员。牛津和剑桥由于颇具名望，从而能够在一定程度上运用正确的教学方法。但是，英国新建的大学和大多数美国大学都无法与商人抗衡。在学期开始时，老师应该列出学生要精读的书目清单，以及略述一些部分人喜欢、部分人不喜欢的书。老

1 加洛林王朝的西法兰克国王，法兰克帝国皇帝（875年起称查理二世）。他在877年去世后，帝位一直虚悬到881年。——译者注

师应该布置论文作业，只有敏锐地注意到书中重点才能写好。学生完成论文以后，老师应该与学生单独会谈。他应该一周或两周一次在晚上接待那些想来见他的学生，随意交谈一些与学业有关的问题。这些做法与老牌大学的做法没有太大的区别。如果学生自己选择论文题目，虽然与老师布置的不同但是难度相当，也应该允许他这么做。从学生的论文中，可以判断出他们的勤奋程度。

不过，有一点十分重要。每个大学老师都应该自己动手研究，并且应该有足够的时间和精力去了解他的学科研究在各个国家的进展情况。在大学里，教学技巧不再重要，重要的是对所学专业的了解，并且热切关注专业研究的进展。对于一个因教学而过度劳累、心力交瘁的人来说，这是不可能的事。他可能会厌恶自己讲授的学科，而且他的知识几乎肯定会局限于年轻时的所学。每位大学老师都应该有休假年（每 7 年休假 1 年），以便到外国大学访问，或者用其他的方法了解国外的学科动态。这种做法在美国很普遍，但欧洲国家在知识上有着过多的自傲，不愿意承认这样做的必要性。这一点他们大错特错。我在剑桥读书的时候，数学老师几乎完全没有受到欧洲大陆前二三十年数学的影响；在我整个本科期间，我从来没有听说过魏尔斯特拉斯（Weierstrass）的名字。

直到在后来的旅行中，我才接触到现代数学。这种情形并不罕见，也不是例外。可以说不同时期的许多大学都存在类似的情况。

在大学里，更专注于教学的人与更专注于研究的人之间存在某种对立。这几乎完全要归咎于教学的错误观念，再加上存在一些勤奋程度与学习能力都低于留校标准的学生。对旧式老师的观念在某种程度上依然存在于大学，那就是他们渴望对学生施加良好的道德影响，并希望给学生灌输旧式的、没有价值的知识，其中大部分是已知的错误知识，但却被认为可以提升学生的道德水准。学生不应该被强制学习，但是如果发现他们在浪费时间，不管是因为懒惰还是缺乏能力，都不应该允许其继续留校。唯一可以强制要求的有益品德是努力的品德，其余的都是早年应该培养的。强制获得这种品德的途径是送走那些不具备它的人，因为很明显他们还是去做其他事情更好。不应该要求老师长时间从事教学工作，他们应该有充足的闲暇时间从事研究，但应该要求他们合理利用这些闲暇时间。

我们考虑大学在人类生活中的功能时，会发现研究的重要性至少与教育的重要性相当。新知识是进步的主要原因，没有新知识，世界的进步很快就会停止。通过对现有知识的传播和更广泛地应用，世界有可能在一段时期内继续进步，但是这个进程本身无法持久。即使对于追求知识来说，如果这种追求是出于功利目的，它也无法自我维持。功利性的知识必须是无功利目的的研究的结果，后者除了渴望更好地了解世界外，再无其他动机。所有伟大的进步，最初都是纯理论的，到后来人们才发现它们可以应用于实践。即使有些杰出的理论永远没有任何实际用途，它仍然有自身的价值，因为对世界的理解是一种终极的善。如果科学和组织成功地满足了人们身体所需，并消除暴行与战争，那么对知识和美的追求依然会继续培养我们对努力创造的热爱。我不希望诗人、画家、作曲家或数学家沉湎于想象他的实践活动会产生什么样的久远影响。他应该专注于获得远见，抓住最初只是瞬息之间依稀看见的事物，使它变成永恒的存在；他对这种远见是如此热爱，以至现实世界中的一切快乐都黯然失色。所有伟大的艺术作品和科学成果，都源于将起初虚无缥缈的幻象具体化的热切渴望，那种令人心动的美诱使人们抛弃安全和舒适，去承受光荣的痛苦。拥有这种热情的人绝不应该受到功利主义哲学枷锁的束缚，因为一切使人类变得伟大的事物，都归功于这种热情。

第十九章

结 语

我们已抵达旅途的终点，让我们回顾一下走过的路，对我们穿过的这个王国进行鸟瞰。

用爱支配的知识，是教育者应该具备的，也是学生应该获取的。在婴幼儿时期，教师对学生的爱是最为重要的；到了后来，学生对知识的爱变得日益重要。最初的重要知识是生理学、卫生学和心理学方面的，最后一种对老师来说尤为重要。孩子与生俱来的本能和反射，可以在环境影响下发展成各种各样的习惯，并因此发展成为各种各样的品质。这些大部分都发生在婴幼儿时期，因此，正是在这个时期，我们最有希望成功培养孩子品质。那些喜欢现有弊病的人常爱断言，人性无法改变。如果他们的意思是人性在 6 岁以后不能改变，那么这样说包含了一些事实。如果他们的意思是人们无法改变婴儿天生的本能和反射，他们说的也多少有些道理；不过，即使是在这方面，优生学已经取得了显著的成果，也许还将继续取得成果。然而，如果他们的意思是——就像他们经常认为的那样——没有办法培养出行为与现在的民众截然不同的成人群体，那么他们就是公然无视所有的现代心理学。假设有两个出生时品质相同的婴儿，不同的早期成长环境，可能会把他们变成品质完全不同的成年人。早期教育的使命是对本性进行培养，使它们发展成为一种和谐的品质，这种品质具有建设性而不是破坏性，是充满爱心的而不是阴郁的，也会具备勇气、坦诚和才智。在绝大多数儿童身上，这种品质都能培养出来；事实上，得到正确对待的孩子已经具备了这种品质。如果现有的知识得到运用，经得起检验的方法得到采纳，我们可以在一代人之内培养出几乎完全摆脱疾病、恶意和愚蠢的民众。我们现在没有这样做，因为我们更偏爱压迫和战争。

在大多数情况下，天生本性可以导向善行，同样也能导向恶行。过去，人们不懂得对本性进行训练，因此被迫诉诸压制。惩罚与恐惧被当作获得所谓美德的巨大动力。现在我们知道，压制是一种不当的方法，因为它从未真正获得成功，还因为它会引起精神上的疾病。对本性的训练是完全不同的方法，需要完全不同的技巧。也许可以说，习惯和技能就是本性的河道，引导本性按照河道流向不同方向。通过培养正确的习惯和技能，我们可以使孩子依靠本能自身激发善行。孩子不会有压迫感，因为他们无须抵抗诱惑。他们也不会感到受阻，并且会有一种无拘无束的自觉性。我并不是说这些说法是绝对的，总会有一些不可预见的情况，可能有必要使用老方法。但是儿童心理学越完善，我们在幼儿园教育中获得的经验越丰富，新方法就可以得到更完美的应用。

我已经努力向读者展示了我们当下有机会获得的种种美好的可能性。想想这意味着什么：健康、自由、幸福、友善、才智，几乎被普遍拥有。如果我们愿意，我们可以在一代人之内打造一个太平盛世。

但如果没有爱，这一切都无法实现。知识就在那里，爱的缺乏会阻止它得到应用。有时候人们对儿童如此缺乏爱心，让我几近绝望——例如，我发现我们那些公认的道德领袖，几乎都不愿意尽力采取措施预防孩子在出生时染上性病。不过，人们正在越来越多地释放对孩子的爱，这无疑是我们自然的冲动之一。长久以来的动荡掩盖了普通人性情中自然的友善之情。直到最近，许多基督徒才不再教人们诅咒未受洗的婴儿。民族主义是使人性之泉变得枯竭的另一个信条，在战争期间，我们使几乎所有德国儿童都遭受佝偻病的折磨。我们必须给我们天生拥有的慈爱松绑，如果一种教条要求我们对儿童施加苦难，就让我们拒绝接受它，不管我们对它有多敬重。在几乎所有情形中，残酷信条的心理之源都是恐惧，这就是我如此强调要消除儿童恐惧心理的一个原因。让我们根除潜藏在我们头脑里的恐惧。现代教育为我们展示了建设一个幸福世界的可能性，它值得我们冒一些个人的风险，即使这种风险比曾经设想的更加严重。

如果我们培养的年轻人能摆脱恐惧和束缚，不受反叛本能的驱使，或者受到阻碍的本能得以发展，我们将能够向他们自由而完整地展示知识的世界，不留下任何黑暗的隐秘角落。如果给人们提供明智的教育，对于接受教育的人来说，它是一种快乐而不是一项任务。给专业班级的孩子传授比现在的通常内容更多的知识，这并不重要，重要的是培养冒险和自由的精神，以及一种准备开启发现之旅的意识。如果正式教育用这种精神来教授，所有才智突出的学生将会用他们的努力对此加以补充，我们应该为他们的努力提供一切机会。知识将我们从自然力量和破坏性激情的绝对统治下解放出来，没有知识，我们理想的世界就无法建成。在没有恐惧的自由环境中接受教育的一代人，必将比我们怀有更为广阔和大胆的希望，因为我们仍然不得不与埋在潜意识里的充满迷信色彩的恐惧作斗争。不是我们，而是我们要培养的自由青年，必须看到这个新世界，这个世界首先展现在他们的希望里，最终展现在炫丽无比的现实中。

我们的道路已经明确。我们对孩子的爱足以让我们选择这条道路吗？还是我们应该让他们再遭受我们遭受过的苦难？我们应该让他们在年轻的时候遭到扭曲、压制与恐吓，然后在他们弱小的智力难以阻止的无意义的战争中丧命吗？成千上万种老掉牙的恐惧，阻碍了通往幸福和自由的道路。但是爱可以征服恐惧，而且如果我们爱我们的孩子，这就是我们力所能及赠予他们的最重要的礼物，没有什么可以阻止我们将这个礼物赠给他们。

图书在版编目（CIP）数据

教育与美好生活 /（英）伯特兰·罗素著；谭新木译. —上海：上海社会科学院出版社，2020

ISBN 978-7-5520-3281-9

Ⅰ. ①教… Ⅱ. ①伯… ②谭… Ⅲ. ①早期教育—教育理论 Ⅳ. ①G610

中国版本图书馆CIP数据核字（2020）第143377号

教育与美好生活

著　　者：（英）伯特兰·罗素
译　　者：谭新木
责任编辑：周　霈
特约编辑：贺　天
营销编辑：吴乃歆
封面设计：主语设计
出版发行：上海社会科学院出版社
上海市顺昌路622号　邮编 200025
电话总机021-63315947　销售热线021-53063735
http: //www. sassp. cn　E-mail: sassp@sassp. cn
印　　刷：河北鹏润印刷有限公司
开　　本：889毫米 × 1194毫米　1/32
印　　张：8.5
字　　数：140千字
版　　次：2021年1月第1版　2021年1月第1次印刷

ISBN　978-7-5520-3281-9/G · 990　　定价：59.80元